NOCHES FRÍAS

De la Pastora: **Yajaira J. Massi**

Para:_____

NOCHES FRÍAS

YAJAIRA J. MASSI

Ministerio Restaurando La familia

Número de Control de la Biblioteca del Congreso: 2021923524
ISBN: Tapa Blanda   978-1-5065-3922-5
                Libro Electrónico   978-1-5065-3923-2

El texto Bíblico ha sido tomado de la versión Reina-Valera © 1960 Sociedades Bíblicas en América Latina; © renovado 1988 Sociedades Bíblicas Unidas. Utilizado con permiso. Reina-Valera 1960™ es una marca registrada de la American Bible Society, y puede ser usada solamente bajo licencia.

Información de la imprenta disponible en la última página.

Fecha de revisión: 24/11/2021

Para realizar pedidos de este libro, contacte con:
Palibrio
1663 Liberty Drive, Suite 200
Bloomington, IN 47403
Gratis desde EE. UU. al 877.407.5847
Gratis desde México al 01.800.288.2243
Gratis desde España al 900.866.949
Desde otro país al +1.812.671.9757
Fax: 01.812.355.1576
ventas@palibrio.com
837434

"Me he consumido a fuerza de gemir; Todas las noches inundo de llanto mi lecho, Riego mi cama con mis lágrimas."

El rey David

ÍNDICE

DEDICATORIAS

Dedico estas líneas a mi eterno Rey y Señor quien en mis noches frías y de oscuridad ha sido mi refugio y abrigo para dar calor a mi corazón. Mi salvador, mi roca, mi consuelo, mi libertador, mi esperanza, mi provisión, mi consejero, mi paz. A él siempre daré honor y gloria.

A mi compañero de vida por más de treinta y seis años, mi esposo J. Antonio, quien me escogió entre todas las mujeres para ser su esposa y su acompañante en el viaje de la vida, donde hemos disfrutado las temporadas de primavera con dicha y regocijo pero también hemos compartido juntos estaciones de invierno con fuertes heladas y noches frías; quien me ha enseñado en momentos difíciles a mantener la mirada en el autor y consumador de la fe, Jesucristo.

A mis dos hijos junto a sus conyugues: Joan & Gloria y Raquel & Darius, mi familia, de quienes hemos tenido extraordinarias enseñanzas. Verlos crecer, avanzar y desarrollarse como personas me es motivo de regocijo. Ellos han aprendido a no rendirse en la adversidad.

A mi nieto Dreyson, y mis futuros nietos en quienes deseamos fundamentar la confianza de la existencia de un ser supremo, nuestro Señor Jesucristo, donde encontrarán siempre un refugio en las tormentas y noches frías.

A mis lectores, animándoles a no desmayar mientras llega el día final. Por ustedes escribo mis líneas.

INTRODUCCIÓN

$\mathcal{N}$oches Frías nace de la realidad de ver a muchas personas que están atravesando la temporada de invierno, con lloviznas gélidas y fuertes vientos que hacen el trabajo de arrancar de sus corazones la ilusión y el aliento de seguir adelante.

Nace de ser testigo del panorama de incertidumbre que se ha posado sobre la tierra y que quedará en la mente de todos los que atravesamos esta temporada de malas noticias, enfermedad y pérdidas que nos condujo por un túnel de incertidumbre.

El enfoque de mis sencillas líneas es ayudar a mis lectores a fundamentarse en la esperanza de comprender que en momentos de oscuridad Dios sigue siendo un abrigo para nuestros corazones helados. El Señor hoy nos sigue ofreciendo su protección; él promete estar con nosotros todos los días hasta el fin; sin escoger las circunstancias por las que podamos estar pasando, aun en las más adversas y difíciles él quiere acompañarnos.

A través de toda la historia de la humanidad el Dios eterno se ha hecho presente para ser un refugio a todo aquel que se acerque a él en tiempos de pruebas, igualmente se hará presente hoy y mañana cuando nos acerquemos en la confianza de que es real y puede ser nuestro pronto auxilio en nuestras tribulaciones.

El Apóstol Juan nos da esa esperanza cuando nos habla acerca del conocimiento de la vida eterna y nos dice: [13] "Estas cosas os he escrito a vosotros que creéis en el nombre del Hijo de Dios, para que sepáis que tenéis vida eterna, y para que creáis en el nombre del Hijo de Dios. [14] Y esta es la confianza que tenemos en él, que si pedimos alguna cosa conforme a su voluntad, él nos oye. [15] Y si sabemos que él nos oye en cualquiera cosa que pidamos, sabemos que tenemos las peticiones que le hayamos hecho" 1 Juan 5:13-15.

Hoy debemos arraigamos en esta palabra de confianza para creer que él está atento a nuestras solicitudes a pesar de nuestras noches frías.

Los salmistas en muchos momentos de oscuridad pudieron ver al Señor obrando a favor de sus vidas, lo que los inspiró a dejar notas de confianza declarando su protección, provisión, cuidado, refugio y dirección. Entre ellos encontramos al salmista David como siempre con sus inspiradoras palabras de seguridad en su Dios, que aunque no sabemos la música del salmo, recitamos de memoria sus letras: "Jehová es mi pastor; nada me faltará.² En lugares de delicados pastos me hará descansar; Junto a aguas de reposo me pastoreará. ³ Confortará mi alma; Me guiará por sendas de justicia por amor de su nombre. ⁴ Aunque ande en valle de sombra de muerte, No temeré mal alguno, porque tú estarás conmigo; Tu vara y tu cayado me infundirán aliento. ⁵ Aderezas mesa delante de mí en presencia de mis angustiadores; Unges mi cabeza con aceite; mi copa está rebosando. ⁶ Ciertamente el bien y la misericordia me seguirán todos los días de mi vida, Y en la casa de Jehová moraré por largos días", Salmos 23:1-6 (RVR 1960).

Es tiempo de conseguir refugio en tus tantas noches frías en Jesús, quien hoy mantiene el ofrecimiento para que nos acerquemos en la confianza de que él nos protegerá. Si nos acercamos con fe estoy segura que vamos a experimentar el amparo, defensa, auxilio, resguardo y favor de Dios que el salmista experimentó. Vendrán noches de oscuridad, de temperaturas muy bajas, con vientos recios, pero Jesús será el abrigo, la luz y el refugio para todo aquel que lo necesite, lo busque y anhele un nuevo amanecer.

Te invito a que hagamos el recorrido por los próximos capítulos que traerán calor y ánimo a tu corazón mientras llega la primavera, acompáñenme.

"Alzaré mis ojos a los montes; ¿De dónde vendrá mi socorro ² Mi socorro viene de Jehová, Que hizo los cielos y la tierra.

³ No dará tu pie al resbaladero, Ni se dormirá el que te guarda. ⁴ He aquí, no se adormecerá ni dormirá El que guarda a Israel. ⁵ Jehová es tu guardador; Jehová es tu sombra a tu mano derecha. ⁶ El sol no te fatigará de día, Ni la luna de noche. ⁷ Jehová te guardará de todo mal; El guardará tu alma. ⁸ Jehová guardará tu salida y tu entrada Desde ahora y para siempre". Salmos 121:1-8 (RVR 1960)

CAPÍTULO UNO

Hoy es Viernes pero el Domingo llegará

"28 Ustedes viven siempre angustiados y preocupados.
Vengan a mí, y yo los haré descansar" Mateo 11:28

En muchas temporadas de mi vida he tenido que pasar por muchas noches frías, por momentos dolorosos e inesperados, debido a circunstancias que asaltan mi tranquilidad, mi paz y la confianza en Dios, que han llevado mi barca a tambalearse en tormentosas noches de oscuridad, tristeza, llanto y desconsuelo, donde mi fe parece haberse derrumbado.

La adversidad se convierte en un arma poderosa utilizada por el enemigo de nuestras almas para desestabilizar nuestras emociones, afectar nuestra salud y quebrantar la creencia en las promesas de la Biblia. Muchas veces la desdicha logra hundirnos en la desesperanza donde no logramos ver por mucho tiempo el sol resplandecer.

Todos en algún momento nos hemos visto expuestos a caer en un estado de desánimo, postración y abatimiento producto de esas circunstancias negativas que tocan a la puerta de nuestras vidas, produciendo en la mente panoramas de derrota. Noticias como la de un esposo que se fue de casa abandonando a su familia, descubrir que un hijo se está hundiendo en las adicciones, un diagnóstico médico negativo, esa carta de inmigración negando la solicitud de legalidad en el país, o tal vez una crisis financiera inesperada que altera la economía familiar; todas ellas se acercan al acecho de nuestra estabilidad, se convierten en instrumentos usados para socavar el orden que reina en nuestro espíritu, alma y cuerpo; dejándonos en ocasiones ver a Dios a millas de millas de distancia, y creando en nuestros pensamientos panoramas tan oscuros que nos postran en la soledad de la noche sin estrellas, mutilan el ánimo y las fuerzas para poder levantarnos.

Es posible que leyendo estas líneas mis lectores se vean en un cuadro similar, pero el propósito de este libro no es que te hundas aún más, el plan es comprender que a pesar de saber que hoy es Viernes podemos mantener la confianza de que el Domingo llegará.

Nuestro Señor Jesucristo de acuerdo a las escrituras fue crucificado un día Viernes y todos los que estaban esperando la promesa pensaron que con su crucifixión y muerte todo había terminado, creyeron que todo estaba perdido; lo que muchos de ellos olvidaron fue la promesa de que saldría el sol al tercer día donde él Señor resucitaría; y el Domingo cuando las mujeres llegaron al sepulcro en dolor, luto, tristeza y desanimo por la muerte de su maestro, encontraron que la promesa se había cumplido: "El primer día de la semana, muy de mañana, vinieron al sepulcro, trayendo las especias aromáticas que habían preparado, y algunas otras mujeres con ellas. [2] Y hallaron removida la piedra del sepulcro;[3] y entrando, no hallaron el cuerpo del Señor Jesús. [4] Aconteció que estando ellas perplejas por esto, he aquí se pararon junto a ellas dos varones con vestiduras resplandecientes; [5] y como tuvieron temor, y bajaron el rostro a tierra, les dijeron: ¿Por qué buscáis entre los muertos al que vive? [6] No está aquí, sino que ha resucitado. Acordaos de lo que os habló, cuando aún estaba en Galilea," Lucas 24:1-6 (RVR 1960). La promesa fue cumplida y su resurrección es la esperanza de todos aquellos que a través de la historia han puesto su confianza en él. Aquel Domingo reveló el cumplimiento de lo que el Señor había dicho, que él resucitaría y nos motiva no solo a esperar su regreso por su pueblo sino que también nos confirma que ninguna de sus promesas caen a tierra para los que le creen.

Nuestro Padre siempre cuidadoso de sus hijos y de los que le buscan ha dispuesto el recurso de su palabra para darnos promesas de esperanza en medio del desanimo, pesimismo e infortunio que se convierten en un bálsamo cuando no vemos ni sol ni estrellas. En las escrituras encontraremos muchas promesas que nos infunden ánimo, coraje, osadía, aliento, y fuerzas para enfrentar los momentos de adversidad.

El Señor Jesucristo hizo milagros sobre aquellos que no tenían esperanza, milagros que están vigentes hoy para todo aquel que se acerca y le cree. Recuerdo la historia de la mujer del flujo de sangre cuando Jesús estaba entre la multitud, y ella en medio de su cuadro doloroso, sin ilusión, desahuciada por los médicos y habiendo gastado todo lo que tenía, se atreve a tocar el manto del maestro en un rayo de luz que iluminó su corazón por los testimonios que escuchaba de la gente que había tenido una experiencia de sanidad y liberación; Jesús sabiendo su condición física y el estado emocional en que se encontraba lo primero que hace es verla y decirle ten animo: "²² Pero Jesús, volviéndose y mirándola, dijo: Ten ánimo, hija; tu fe te ha salvado. Y la mujer fue salva desde aquella hora" Mateo 9:22. Sus palabras estaban dirigidas primeramente a atacar su estado de ánimo, en otras Palabras, por cuanto has creído y te has acercado, ahora levántate hay esperanza para ti: "Tu fe te ha hecho salva".

Hablar de esperanza en un mundo de incredulidad debe seguir siendo un imperativo para los que hemos recibido la protección de Dios en medio de la oscuridad, ya que es el único recurso que asiste a los necesitados en medio de tantas noches frías, fortaleciéndolos para recibir confianza experimentando el calor de las promesas de Dios, mientras termina la sombra en el amanecer y llega un nuevo día.

El Señor ha prometido estar con nosotros siempre y lo que él promete así lo cumple. Tal vez al leer mis líneas te encuentras en el dolor, la adversidad, abatido, desanimado debido a las circunstancias que estás enfrentando; pero las promesas de nuestro Padre están vigentes para tu vida. Así que anímate y acompáñame en los próximos capítulos para visualizar a Dios obrando en medio de los valles de sombra de muerte, en las dificultades, en el desánimo, en la crisis, la desilusiones, la preocupación, la cárcel, el luto, la desesperanza, el temor. él quiere llevarnos de su mano hasta el final de la noche, con palabras y testimonios de aliento y esperanza que alimentan nuestra fe en su palabra.

"Esforzaos todos vosotros los que esperáis en Jehová, tome aliento vuestro corazón". Salmos 31:24

CAPÍTULO DOS

Cuando No Es Una Cosa Es Otra

"**⁸** Así, aunque llenos de problemas, no estamos sin salida; tenemos preocupaciones, pero no nos desesperamos. **⁹** Nos persiguen, pero no estamos abandonados; nos derriban, pero no nos destruyen". 2 Corintios 4:8-9 (DHH)

$\mathcal{E}$n este capítulo quiero dejarte un panorama realista pero alentador que te anime a seguir adelante peleando la buena batalla de la fe y echando mano siempre de la vida eterna que es nuestra gran esperanza como dicen las escrituras, para poder enfrentar en un refugio seguro las estaciones de invierno que llegan a nuestras vidas.

Seguramente usted en alguna circunstancia ha expresado con sus labios la frase: "cuando no es una cosa es otra", puede ser que en algún momento habrá escuchado a alguien decir que no sale de una dificultad cuando aparece otra; ya sea la misma provocada por acciones directas por sí mismos, o consecuencias de situaciones externas que empañan en ocasiones el recorrido por la vida. Lo cierto es que no habrá nadie que se escape de situaciones negativas, problemas, contratiempos, conflictos, dificultades; ellos vienen a ser parte de nosotros, aunque la realidad es que si pudiésemos escapar de estos, correríamos a escondernos en lo más recóndito para que nunca nos alcancen. Nadie los desea en su vida, todos deseamos días llenos de dicha y felicidad. Debemos ser realistas y recordar que no hay ninguna parte de las escrituras donde se nos ofrece una vida libre de problemas; ni para injustos ni para nosotros los justos, los redimidos, los comprados con la sangre de Jesucristo; no encontramos ninguna promesa que nos exonere de momentos de adversidad.

La Biblia está saturada de historias reales donde los hombres de fe experimentaron tales momentos. Fueron muchos los obstáculos que el Apóstol Pablo encontró cuando inicio la labor encomendada por Dios de predicarle a Judíos a gentiles y a reyes, al llegar a Macedonia el expresa los tropiezos que encontró en aquel lugar y refleja la veracidad de que las dificultades siempre estarán a la orden del día en nuestras vidas, Pablo dice: "⁵ Desde que llegamos a Macedonia, no hemos tenido ningún descanso, sino que en todas partes hemos encontrado dificultades: luchas a nuestro alrededor y temores en nuestro interior." 2 Corintios 7:5 (DHH), él revela que en su trayecto y estadía no fue algo fácil, no tuvieron reposo alguno, y fueron amedrentados por los adversarios, experiencia que él mismo testifica que les dejó temor en sus corazones.

Leemos en las escrituras pasajes similares como este, verídicos, reseñando tales obstáculos en la vida de muchos de los hombres y mujeres de Dios. Si nos preguntasen a cada uno de nosotros hoy, literalmente si nos vemos como protagonistas de tales historias, les aseguro que todos deseamos no estar cerca de las adversidades, no estamos preparados, educados ni entrenados para recibirlas con gozo. Definitivamente siempre anhelamos un recorrido de paz y tranquilidad, libres de confrontaciones que nos puedan robar la estabilidad emocional y Espiritual; pero sabemos que no es real, en algún lugar de la carretera nos podemos accidentar, enfrentándonos a encontrar impedimentos, barreras que retrasan el avance. Si nos ponen a escoger definiendo los momentos que nos gustaría siempre vivir y decidir por cual transitar, seguro usted así como yo al unísono diríamos que soñamos siempre ir por el camino que nos conduce a la felicidad, a la alegría, la abundancia, la comodidad; ¿quién no lo desearía?, solo una persona miserable que no ama la vida desearía estar hundido constantemente en problemas y conflictos.

Cuando escudriñamos las escrituras, nuestra guía direccional para conducir nuestras vidas con la sabiduría de Dios, nos encontramos al Apóstol Santiago con las siguientes expresiones: "² Hermanos míos, ustedes deben tenerse por muy dichosos cuando se vean sometidos a pruebas de toda clase. ³ Pues ya saben que cuando su fe es puesta a prueba, ustedes aprenden a soportar con fortaleza el sufrimiento. ⁴ Pero procuren que esa fortaleza los lleve a la perfección, a la madurez plena, sin que les falte nada." Santiago 1:2-4 (DHH). No sé si para usted estas palabras serán de reflexión, pero para mí lo son cuando pienso que debo tener dicha y alegría según este siervo de Dios inspirado por el Espíritu Santo, cuando las barreras se levantan para no logar los objetivos que nos hemos trazado.

Creo que usted así como yo debe considerarlas demasiado fuertes y profundas para un corazón que no le es fácil superar las temporadas de invierno que alimentan el desanimo y abatimiento. De manera personal he pasado junto a mi familia por grandes procesos de adversidad, asegurándoles que en ninguno de ellos he sentido una gran dicha y menos alegría por tales acontecimientos, al contrario he sido víctima de una diversidad de emociones negativas que me han conducido a cuestionar a Dios, a caer en el pesimismo, postrándome en la depresión, sintiendo que tal vez nunca más me podría levantar.

¿Quién es el valiente que me puede rebatir diciendo que las dificultades nos llevan a reírnos a carcajadas cuando somos despedidos de nuestro empleo, o que podemos hacer una fiesta cuando el banco nos dice que perderemos nuestra casa o que los papeles migratorios no fueron aprobados y debemos regresar a nuestro país?; al contrario, si abrimos nuestros corazones en esta estación de heladas, con transparencia lo que mostraríamos con sinceridad es una sensación de embargo y desilusión por el panorama sombrío que debemos atravesar, sin contar la vergüenza del qué dirán y otros aditivos que aumentan nuestro dolor, donde ni la compañía de los más amados pueden calentar nuestros corazones.

Lo cierto es que las palabras del Apóstol Santiago no son para añadir más desesperanza, porque:¿De dónde sacaremos gozo cuando hay turbación?, Santiago no nos está motivando a hacer celebración en las dificultades; creo que nadie sabría cómo hacerlo desde sus fuerzas humanas, solo estar en niveles sobrenaturales nos podrá llevar a transitar la vía del gozo que se produce con el poder del Espíritu Santo en nuestras vidas, como lo experimentó el Apóstol Pablo cuando estuvo preso por causa del evangelio y a quien le dedicaré un capitulo en este libro. Lo que si nos deja como esperanza Santiago es que a los cristianos que pasamos estos momentos difíciles y aprendemos a cobijarnos en Dios, debemos estar seguros que algo bueno sacará de ellos y los utilizará para ser promovidos a nuevos niveles espirituales; él dice: Considérense, ténganse, siéntanse promovidos con las dificultades, cuando estas cosas acontezcan, sepan que su fe es puesta a prueba, y aprenderán en el Señor a soportar y saltar con fortaleza cada obstáculo. El Apóstol nos motiva a que esa fuerza sobrenatural que recibimos nos lleve a la perfección, a la madurez plena, sin que nos falte nada. Desea que tengamos una óptica más espiritual y menos humana, pero para ello necesitamos en el proceso refugiarnos creyendo en la cobertura de nuestro Dios.

Si hacemos un análisis de las dificultades, pudiésemos preguntarnos si sacamos algunos beneficios de ellas, tal vez al usted leer mis líneas podría preguntárselo, pero al iniciar este capítulo les dejé el enfoque de ser realistas en nuestro caminar en esta tierra donde nos enfrentaremos a momentos adversos. Sé que darnos una respuesta de los beneficios que recibimos con tales acontecimientos a veces no es fácil, y créame que debo incluirme aunque sea la autora de este libro, a pesar de tener experiencias con Dios no puedo ocultar ante mis lectores mi humanidad con sentimientos y fragilidades, soy vulnerable como ustedes; lo único que me sostiene es que he aprendido aunque no lo entiendo que algo bueno saca Dios de nuestros infortunios, aparte de los beneficios de promoción espiritual antes mencionados.

En las últimas décadas los mensajes arrulladores y motivadores no nos están enseñando ni ayudando a ser realistas, detrás de estas enseñanzas se quiere ocultar la existencia de los obstáculos, las adversidades, el dolor, abatimiento y perdida que como seres humanos enfrentamos. Muchos predicadores se han convertido en portadores de mensajes sin esencia, charlatanes, adúlteros de la Palabra de Dios; donde sus ventas baratas están centradas en los logros, alcances, victorias, olvidando el dolor y sufrimiento por los que muchos de los siervos de Dios atravesaron para hoy nosotros tener las verdades escritas de la Biblia, una realidad que a ningún héroe de la fe se le ocultó en las escrituras, mostrando sus abatimientos, depresiones, pecados, luto, desánimos. Son tantas las historias veraces que no ocultan la humanidad de los siervos de Dios.

Moisés en un momento de ira golpeo la peña, lo que le costó entrar a la tierra prometida, el profeta Daniel fue expuesto al foso de los leones por su fe, el Apóstol Pablo experimento el abandono por parte de alguno de sus compañeros de milicia, El Apóstol Juan fue desterrado en la Isla de Patsmos. Los promotores del evangelio libre mutilan el realismo, enseñándonos a colocarnos caretas, maquillaje, llevando a muchos cristianos a vivir vidas miserables porque no los siembran en las palabras de sabiduría que los pueden llevar a producir soluciones en Dios, sino que adiestran a sus seguidores a profesar un evangelio solo de palabras y no de acciones. Las vivencias espirituales más importantes para nuestras vidas se dan en las dificultades, en momentos cuando los vientos soplan contrario, cuando tenemos que trabajar para derribar barreras, saltar obstáculos; circunstancias que en cualquier momento todos tendremos que pasar. Saquémosle el mejor provecho a los aprietos donde muchas veces nos metemos nosotros, nos meten las circunstancias de la vida y nos introduce el Señor para darnos grandes lecciones, y dejemos de vivir solo de apariencia y maquillaje. Seamos genuinos y aceptemos las noches frías que llegan a nuestra intimidad.

Nos ha habido un tiempo tan real y palpable de confrontación que este que nos ha tocado vivir, donde no solo nuestra fe es probada, sino también nuestro carácter; donde a la primera de cambio al ser sacados de la burbuja de comodidad muchos no resisten la presión para entonces desertar de las filas del ejecito de Dios, llamado a pelear, combatir y sobreponerse.

Si llegamos a la vida cristiana con la visión de estar libre de dificultades, sin presiones, se puede llegar a desarrollar una vida espiritual mediocre; en cambio las temporadas de aprietos se pueden convertir en un motor que genera metamorfosis en nuestras vidas. Sin dificultades no hay cambios, sin cambios no hay crecimiento. Los predicadores del pensamiento positivo son motivadores para que su público obtenga todo fácil con simples declaraciones y decretos victoriosos, ofrecen un evangelio libre de problemas que pareciera que tenemos el poder en nuestra lengua y con solo ejercitar los labios ya tenemos a Dios haciendo lo que nosotros deseamos, sin dolor, sin proceso, sin prueba; simplemente yo abro mi boca e inmediatamente Dios responde a mis caprichos; pero recuerde que el Señor no solo quiere bendecirnos, el desea que del fondo de nuestro ser salga una joya preciosa, procesada para que dé el mejor brillo y resplandezca aún en medio de las turbulencias de la vida.

"Declara que eres un vencedor", "Saca el campeón que hay en ti", "Desarrolla tus dones y serás un verdadero cristiano", todos estos y muchos más son solo ofrecimientos baratos que producen cristianos raquíticos convertidos en hojas de arboles que al llegar los vientos son arrancados de la vid; que no están siendo preparados para las dificultades de la vida.

Como familia hemos podido aprender que esos momentos difíciles que nos asaltan robándonos el aliento y el ánimo, ciertamente han sido temporadas sombrías, de oscuridad, de derrota; pero es allí donde hemos podido experimentar las enseñanzas y los principios de vida más importante que aportan calidad, fortalecen nuestra fe, cimentándonos a ser dependientes de aquel que ha prometido ir delante de nosotros en cada fracaso, perdida y dolor.

Personalmente he aprendido que las dificultades ya superadas nos promueven a nuevos niveles espirituales, como lo expresa el Apóstol Santiago, porque sin batalla no hay victoria. Con mis líneas quiero motivarte a levantarte en fe, que puedas arraigar en tu corazón las promesas de quien ha prometido cuidar de sus hijos, que a pesar de la adversa temporada que puedas estar pasando te animes, te levantes porque Dios quiere hacer algo en nosotros y con nosotros.

Hoy cuando muchos ministerios están atravesando tiempos difíciles, estos comienzan a escuchar voces extrañas haciendo creer que si fuese Dios quien los llamó, entonces todas las cosas deben salir bien y si hay tantas dificultades es porque algo extraño está sucediendo. Muchos ministros sinceros y deseosos de hacer las cosas bien comienzan a creer que el Señor no fue quien los llamó, culpándose a sí mismos pensando que su condición no es la correcta, ni son lo suficientemente espirituales porque tienen muchas adversidades.

No hay apoyo bíblico para pedir la carta de renuncia ante las dificultades, con esta apreciación no estoy diciendo que nuestros corazones no deben estar a cuenta con Dios permanentemente;

me refiero a colocar nuestras vidas, asignaciones y llamado en una balanza con las temporadas adversas, y entonces como el peso de la prueba es mayor se considera que ha sido descalificado. Dios no nos mide de esa forma, así que no debes poner tu carta de renuncia, lo que debes hacer es buscar en Dios el calor y refugio para superar el frio de la adversidad y sintonizarte con la voluntad de lo que el Señor quiere hacer en el llamado que te ha hecho.

El rey David fue considerado por Dios como el hombre conforme a su corazón, era el ungido de Jehová, sin embargo en su caminar experimentó tantos desaciertos, dificultades, persecuciones y pruebas. Al leer los cantos poéticos del rey apreciamos las manifestaciones más genuinas y transparentes de conflictos, traiciones, guerras, que a pesar de su Padre amado darle un honorífico nombre y posición, nunca estuvo exento de todo un panorama de dolor y tragedia.

Lo maravilloso de la vida e historia de David era la demostración sincera de devoción, entrega y fe que este tenía con Dios, donde sus oraciones convertidas en canticos a capela podían declarar: "Joven fui, y he envejecido, Y no he visto justo desamparado, Ni su descendencia que mendigue pan." Salmos 37:25 (RVR1960); "Busqué a Jehová, y él me oyó, Y me libró de todos mis temores.[5] Los que miraron a él fueron alumbrados, Y sus rostros no fueron avergonzados. [6] Este pobre clamó, y le oyó Jehová, Y lo libró de todas sus angustias. [7] El ángel de Jehová acampa alrededor de los que le temen, Y los defiende. [8] Gustad, y ved que es bueno Jehová; Dichoso el hombre que confía en él." Salmos 34: 4-8(RVR 1960). Son tantas las expresiones de David en sus momentos de dificultad que nos alientan a recobrar el ánimo y seguir confiando en que nuestro Padre Celestial nos dará la sabiduría, el discernimiento y el conocimiento para enfrentar dificultades, para que al final experimentemos el gozo del que Santiago nos habla; que no se produce en nuestra carne procesada por los desaciertos de la vida, sino que se produce sobrenaturalmente en el espíritu dando paciencia a nuestra alma mientras llega la respuesta. En momentos de dificultad saquemos el mejor provecho para producir calidad de vida.

Hoy cuando las ofertas están a la orden el día para producir cristianos cómodos e inmaduros, es necesario hacer control de calidad y debemos esforzarnos por pagar el precio de negarnos a creer que todo es tan fácil como lo promocionan. No es fácil, la vida cristiana no es fácil; se requiere de fe, entrega, negación, sabiduría, discernimiento, conocimiento y nada de esto lo obtendremos pensando que simplemente con un botón llegará todo por correo a casa, mentira; Dios hace una parte y nosotros hacemos la nuestra.

Si continúas escuchando tales ofertas, no aprenderás a pelear, no sabrás como arrebatarle al enemigo lo que te ha robado, no podrás alcanzar paz, te será difícil enfrentar las dificultades con decisión, oración y fe; solo esperarás que tus adversidades se resuelvan algún día y de manera fácil, pero eso no sucederá sin búsqueda intima, sin conocimiento escritural, sin dependencia de la fuente que es Dios, saldremos de ellas enfrentándolas con guianza divina, tomando las armas espirituales para arrebatar lo que nos pertenece.

Me gustan e inspiran las palabras que Dios le dice a Josué:

"8 Nunca se apartará de tu boca este libro de la ley, sino que de día y de noche meditarás en él, para que guardes y hagas conforme a todo lo que en él está escrito; porque entonces harás prosperar tu camino, y todo te saldrá bien. 9 Mira que te mando que te esfuerces y seas valiente; no temas ni desmayes, porque Jehová tu Dios estará contigo en dondequiera que vayas" Josué 1:8-9. Estas palabras nos animan así como a Josué a que meditemos y hablemos su palabra constantemente, que seamos obediente a ella, nos alienta a que nos esforcemos, que seamos valientes, que no desmayemos que Dios estará con nosotros siempre. La promesa no es estar libre de adversidades, el compromiso del Señor es acompañarnos en medio de ellas llevándonos de su mano y dándonos aliento.

Anímate a pesar de tu proceso, levántate y cobra fuerzas en el Señor, inunda tu corazón con sus palabras porque ellas vendrán a tu rescate en el momento de la dificultad. Bien lo podía decir el Salmista: "Dios es nuestro amparo y fortaleza, Nuestro pronto auxilio en las tribulaciones. 2 Por tanto, no temeremos, aunque la tierra sea removida, Y se traspasen los montes al corazón del mar;..." Salmo 46:1- 2 (RVR 1960). El señor no ha dejado de ser tu ayudador y tus fuerzas.

Pelea la buena batalla de la fe, remontándote por encima de las dificultades, de las barreras, de los obstáculos que la vida te ha levantado; que las malas noticias y los acontecimientos negativos no te paralicen. No servimos a Dios de balde, para nada, él juntamente con la dificultad nos dará también la salida. Es una gran oportunidad de ver el poder de Dios a nuestro favor en medio de la adversidad, por eso no te puedes rendir. Decide hacer sociedad con Dios para que su poder se haga manifiesto sobre la crisis en tu matrimonio, sobre tus hijos, en tus finanzas, tu ministerio, la salud y serás testimonio vivo de su poder y milagros en temporadas frias.

Tu vivencia será un testimonio que animará a otros a no rendirse, sino a depender de Dios quien tiene la respuesta, porque el capítulo final en nuestras vidas no lo determinan las dificultades, sino la entereza con las que las enfrentamos en Dios y sus palabras.

"Este pobre clamó, y le oyó Jehová, Y lo libró de todas sus angustias. 7 El ángel de Jehová acampa alrededor de los que le temen, Y los defiende. 8 Gustad, y ved que es bueno Jehová; Dichoso el hombre que confía en él" . Salmos 34: 6-8 (RVR1960)

Te invito a que me acompañes al próximo capítulo, allí encontraremos refugio en las estaciones de invierno.

CAPÍTULO TRES

Abrázame En La Llovizna Helada

"(2) A Dios clamo con fuerte voz para que él me escuche.
² (3) El día que estoy triste busco al Señor, y sin cesar
levanto mis manos en oración por las noches. Mi alma no
encuentra consuelo. ³ (4) Me acuerdo de Dios, y lloro; me
pongo a pensar, y me desanimo" Salmos 77:1-3 (DHH)

*N*uestro padre amoroso ha prometido caminar junto a
nosotros aún en medio de las severas tormentas que podamos
atravesar, sin embargo en momentos de desolación y desaliento
que nos aquejan, suelen surgir una gran cantidad de preguntas,
ya que no sabemos en ocasiones como enfrentar los días nublados
y lluviosos ni las lloviznas heladas de nuestras estaciones de
invierno.

Con mis líneas me propongo animarte a que te levantes,
salgas del abatimiento que te producen las temporadas frías, que
no permiten que el sol resplandezca. No conozco a alguien que ha
negado épocas heladas de desaliento, donde llegamos a pensar que
estamos descalificados para ser beneficiarios de la gracia de Dios.

El tener las experiencias personales de enfrentar momentos de
abatimiento y desolación, en muchas ocasiones me han hundido
en el dolor, entumeciendo mi alma por las lloviznas frías que
caen sobre mi corazón, donde no aparece el sol de día, ni las
estrellas en la noche, solo rocíos en la oscuridad. Lo cierto es
que la estación de invierno es un período poderoso para producir

choques emocionales fuertes que nos derriban, son como trenes impactando en medio de la nieve, dejando en el enfrentamiento perdidas que por mucho tiempo deja sus consecuencias; ya que los choques emocionales negativos producen estragos en ocasiones irreparables. Estoy segura que muchos de mis lectores han experimentado tales temporadas de heladas acompañados de la soledad.

En medio del abatimiento que nos debilita, en ocasiones queremos colocar solo una frazada que trate de aliviar el frio que sentimos, por momentos exteriorizamos un aparente alivio; pero sabemos que cada gota de lluvia fría entumece nuestras huesos, donde solo hay un grito silencioso en lo profundo de nuestro ser diciendo: ¡Auxilio, necesito ayuda!, ¡Ayúdenme, necesito el calor de alguien para recuperar mi estabilidad y mi vida!, ¡Por favor abrácenme en esta llovizna helada!.

En una época como la que nos ha tocado vivir de indiferencia, egoísmo e individualismo, las fogatas para encontrar calor en el dolor cada día escasean a nuestro alrededor, no es fácil conseguir un refugio para protegernos de las tormentas de la vida, en ocasiones no hay familia, no hay hermanos, no se consiguen amigos fieles, leales y verdaderos que genuinamente nos den abrigo. En nuestro recorrido y búsqueda de ayuda tendremos la triste experiencia que serán menos que más los dispuestos a dejar a un lado sus compromisos y tareas por extendernos una mano amiga. Alguien dijo: "No hay refugio seguro", nos es común hoy encontrar amparo en otros para disipar nuestro abatimiento.

En nuestros medios cada día se siguen agotando los recursos humanos que se sientan afines con nuestro pesar y sufrimiento, se ha creado un atmósfera de tal individualismo que ya nadie protege a su prójimo, pocos se arriesgan a defender a un amigo, algunos ni piensan en referir una palabra de aliento sincera para quien esta en vergüenza, la empatía ha sido sustituida, y tal vez en el futuro sea borrada del diccionario.

Se ha perdido la capacidad de percibir los sentimientos, pensamientos y emociones de los que están agobiados, sin aliento; dejando de reconocer la condición de los demás como similar a la nuestra, porque estamos careciendo de sentimientos que nos relacionen con la perdida, la soledad, la tristeza. La empatía es vital para la vida social, para interrelacionarnos saludablemente, darnos una mano, poner nuestro hombro para que alguien llore, sin esperar nada a cambio. La empatía consiste en entender a una persona desde su punto de vista en vez del propio, o experimentar indirectamente los sentimientos y percepciones de quien está en necesidad, convirtiéndose en una base de solidaridad; donde simplemente me identifico con tu dolor y por eso me voy a constituir en un refugio para tu vida en tu necesidad. Todos deseamos un puerto seguro que nos reciba cuando estamos agotados por la intemperie y golpeados por las tormentas.

¿A quién acudes cuando el fundamento de tu vida se abre debajo de tus pies, o cuando afrontas una situación vergonzosa, dolorosa o escandalosa: por un hijo en rebelión, la solicitud de divorcio por parte de tu pareja, una hija que se fue de casa inesperadamente, un desastre económico?. Ciertamente un refugio seguro es lo que necesitamos cuando las circunstancias hacen grieta en nuestras frágiles cisternas, amenazándonos con inundar nuestras vidas de dolor. Cuando somos abatidos se desencadena en nuestro interior una serie de eventos emocionales que nos inundan con comportamientos desesperanzadores, la derrota es el bastón que nos sostiene, donde los sueños y anhelos se derrumban.

No sé si alguien de mis lectores ha pasado por estos tiempos de entumecimiento emocional. He tenido la experiencia de pasar por tales temporadas donde al levantar mis manos por auxilio no encuentro a una persona que venga a mi rescate; donde solo un encuentro con Dios en la soledad me hace recobrar el aliento y la esperanza. Es allí donde lo sobrenatural debe hacerse presente para hacernos recobrar las fuerzas.

El que pasó por el dolor se compadece de nuestro dolor, es Jesús solo Jesús quien puede genuinamente ser empático con nuestros abatimientos. Jamás encontraremos a alguien tan frágil como nosotros en la tierra que pueda compadecerse de nuestro dolor; definitivamente necesitamos un ser superior para que nos pueda entender y extender su mano de misericordia en nuestras noches heladas.

Cuando revisamos la palabra profética de Isaías 53, sobre los padecimientos de Jesús cuando sería crucificado, vemos el reflejo del sufrimiento y dolor que pasaría nuestro Señor. El profeta lo describe como una experiencia desoladora, diciendo: "3 Despreciado y desechado entre los hombres, varón de dolores, experimentado en quebranto; y como que escondimos de él el rostro, fue menospreciado, y no lo estimamos. [4] Ciertamente llevó él nuestras enfermedades, y sufrió nuestros dolores; y nosotros le tuvimos por azotado, por herido de Dios y abatido. [5] Mas él herido fue por nuestras rebeliones, molido por nuestros pecados; el castigo de nuestra paz fue sobre él, y por su llaga fuimos nosotros curados. [6] Todos nosotros nos descarriamos como ovejas, cada cual se apartó por su camino; mas Jehová cargó en él el pecado de todos nosotros. [7] Angustiado él, y afligido, no abrió su boca; como cordero fue llevado al matadero; y como oveja delante de sus trasquiladores, enmudeció, y no abrió su boca." Isaías 53: 3-7 (RVR 1960). Así mismo como le había sido entregada la visión del futuro acontecimiento, así mismo sucedió; nuestro rey debió pasar por el proceso de abatimiento más profundo y doloroso no solo para redimirnos dándonos salvación y vida eterna por su sacrificio, sino también para compadecerse de nuestras debilidades, donde el escritor a los Hebreos lo expresa muy bien diciendo: "[14] Jesús, el Hijo de Dios, es nuestro gran Sumo sacerdote que ha entrado en el cielo. Por eso debemos seguir firmes en la fe que profesamos. [15] Pues nuestro Sumo sacerdote puede compadecerse de nuestra debilidad, porque él también estuvo sometido a las mismas pruebas que nosotros; sólo que él jamás pecó. [16] Acerquémonos, pues, con confianza al trono de nuestro Dios amoroso, para que él tenga misericordia de nosotros y en su bondad nos ayude en la hora de necesidad." Hebreos 4:14-16 (DHH). Jamás encontraremos un refugio más seguro que Cristo para nuestro abatimiento, el nos ayudará porque se acuerda de nuestra condición, el sabe cuán frágiles y vulnerables somos. Se hizo carne, y hecho hombre experimentó el dolor y sufrimiento de todos nosotros.

De manera personal he pasado junto a mi familia por grandes procesos de adversidad y abatimiento, asegurándoles que tales acontecimientos me han hecho víctima de noches heladas donde una diversidad de emociones negativas que me han conducido a cuestionar a Dios, a caer en el desánimo, postrarme en la depresión sintiendo que tal vez nunca más me podría levantarme del dolor.

Cuando recibí la noticia de la muerte de mi padre, no solo sentí el dolor de la separación física; ya nunca más podría volverlo a ver, ni volvería a escuchar su voz. Yo en un país, mi papá en su país natal, nos separaba la gran distancia entre una y otra nación;

la llamada inesperada esa mañana del 09 de Octubre, día de su cumpleaños, ya que murió el mismo día que cumpliría 79 años, el dolor y abatimiento arropó mi corazón como una cobija helada; pensaba en su partida y si tendría yo la oportunidad de ver su rostro por última vez en el ataúd; me llené de tristeza, de culpa por estar tan lejos, me desanimé pensando que no llegaría para darle el ultimo adiós. En el recorrido de esta triste noticia, en medio del dolor no veía a Dios obrando, pero él estaba obrando; sentía la perdida, el luto, pero luego comprendí que el Señor siempre me acompañó; mi salvador me ayudó aunque mi dolor no me permitió sentirlo cerca.

El que se compadece de nuestras debilidades se encargó de prepararme el camino y escuchó mi oración; en un proceso traumático de llegar con temor a un país en dictadura; enlutada por la partida, me permitió darle el ultimo adiós a mi padre a solo unos pocos, pero pocos minutos de cerrar la caja que lo llevaría al cementerio. En la estadía en la casa de mi madre en esos días tristes, fuí revestida por su poder para manejar la perdida junto a mi familia, como pasó, no lo sé, lo que sí sé es que él lo hizo, fue empático con mi luto, trabajó a favor de mi vida y de los míos; pudiéndolo yo experimentar, donde hasta hoy ha sido un testimonio para compartir.

En momentos de noches frías solo la intervención sobrenatural de Dios se hace presente para rescatarnos y derramar el bálsamo cicatrizador y sanador que nos saca de la terapia intensiva del dolor y abatimiento, levantándonos guiados de su mano hasta restablecer completamente el calor en nuestros corazones helados y restablecer nuestra estabilidad integral.

En ocasiones difíciles se que las palabras sobran pero hay algunas que exaltan el nombre de Dios. Cuando recordamos a Job en su perdida y dolor el pudo exclamar: "...El Señor me lo dio todo, y el Señor me lo quitó; ¡bendito sea el nombre del Señor!" Job 1:21 (DHH). La fortaleza de Job para expresar tales palabras estoy segura que no vienen de su carne dolida por la perdida, la enfermedad y fatalidad; ellas vienen de su espíritu que estaba conectado al Espíritu de Dios, no hay otra respuesta, la esperanza y consolación venían a su espíritu por el Espíritu, estaban selladas como clavos martillados, que no podían salir de su corazón dolido, sin fuerzas y en desánimo; era una experiencia sobrenatural. La historia real que encontramos en el libro de Job nos ayuda a enraizarnos en la esperanza que nuestro Padre celestial no nos dejará, permitiéndonos visualizar espiritualmente que el ser abatidos aunque es duro nos promueven a nuevos niveles de fe y esperanza en aquel que ha prometido estar con nosotros, y ser restituidos como lo experimentó Job, y aunque así no fuese estamos en las manos de nuestro Padre amado.

Los hombres y mujeres de Dios reseñados en las escrituras encontraron refugio seguro en aquel que los llamó, quien prometió que siempre sería su sustento y abrigo en temporadas de invierno.

Mis palabras son de ánimo para mis lectores que están experimentando los fríos vientos de la temporada de nevada por la mala noticia, el diagnostico medico, la pérdida de un ser amado, la ruptura de una relación sentimental, la distancia de los más queridos. Te aliento para que te Levantes, recobres las fuerzas para seguir peleando, confíes, creas y te refugies en el Señor, porque mientras tengamos signos vitales tenemos la oportunidad de reponernos para habitar al abrigo del altísimo y morar bajo la sombra del omnipotente como lo expresa el salmo 91. Dios quien nos ha salvado lleva nuestra barca a puerto seguro.

Cuando medito en ser abatidos se me vienen muchas historias de la Biblia de hombres y mujeres que experimentaron profundo dolor, pero de manera personal la historia de David como la de Job son las que cobran gran significado en mi corazón, y no es que las demás dejan de ser relevantes ya que a la hora del aprendizaje escritural podemos sacar grandes y profundas enseñanzas, porque de todas ellas aprendemos. El rey David tuvo que clamar abatido en tantas ocasiones, que sus gritos de auxilio en tierra son una referencia para nuestras propias experiencias.

En el capítulo anterior hice referencia de la expresión del rey siempre exaltando su confianza en Dios en medio de las dificultades; pero ¿que no experimentó David?, ¿Que no experimentó el ungido de Dios?; en el mundo artístico diríamos que llevaba una vida personal convulsionada: perseguido por el rey Saúl para matarlo, sorprendido y expuesto por el pecado de adulterio, asesino de uno de sus hombres de guerra, esposo de la amante, traicionado por los que comían en su mesa, con una familia compuesta por unos miembros que dejaban cada escándalo, un hijo asesino y deseoso del trono, una hija violada. No cree usted que son demasiadas paginas oscuras en el libro de la vida del rey David; un hombre con el corazón de Dios maneja una vida llena de turbulencia; en nuestros tiempos no sé si encontraríamos a alguien del calibre de David, tanto por sus noches heladas como por su apasionante búsqueda de refugio en Dios.

La historia de rey compunge mi corazón por su dolor y abatimiento, pero me enamora la entrega que siempre demostró a su Dios. A pesar de sus pecados, desaciertos, errores, malas decisiones, adversidades, este ser humano, tan frágil como usted y yo estaba seguro, claro y cimentado en que su único refugio era el Dios de su salvación.

Encontramos en los Salmos sus referencias de confianza y esperanza en Dios como les mencione en el capítulo anterior; pero sus cánticos fueron gritos de auxilio que no estaban en la búsqueda de empatía por su abatimiento en un ser carnal como él, aunque pudo haber tenido a muchos asistentes a su alrededor, que le servían, asistían, daban palabras de aliento, rodeado de consejeros, protectores, pero que jamás llegarían a calmar el dolor atesorado en lo profundo de su ser. ¿A donde llevaba su queja el rey de Israel?; ¿A quién dejaba su gemido?, ¿A quién entregaba sus culpas y temores?.

En las noches gélidas de su vida el rey se acurrucaba en los brazos de su maestro, de su amigo, de su protector, su libertador, de aquel que lo pudo haber desechado por tantos desaciertos, más sin embargo se identificó con su dolor, su abatimiento y en cada fracaso, David siempre creyó que habían unos brazos que lo esperarían para darle calor en sus noches más oscuras, él podía decir: "Alzaré mis ojos a los montes; ¿De dónde vendrá mi socorro? [2] Mi socorro viene de Jehová, Que hizo los cielos y la tierra. [3] No dará tu pie al resbaladero, Ni se dormirá el que te guarda. [4] He aquí, no se adormecerá ni dormirá El que guarda a Israel. [5] Jehová es tu guardador; Jehová es tu sombra a tu mano derecha. [6] El sol no te fatigará de día, Ni la luna de noche. [7] Jehová te guardará de todo mal; El guardará tu alma. [8] Jehová guardará tu salida y tu entrada Desde ahora y para siempre". Salmos 121:1-8 (RVR 1960)

El rey se dio así mismo la respuesta: "Mi socorro viene de Jehová, Que hizo los cielos y la tierra", hoy deseo que también sea la respuesta para mis lectores, el auxilio procede de alguien que está en un lugar alto y sublime. Nuestro lugar de seguridad y protección los hallaremos solo en nuestro Padre celestial.

David aprendió, experimentó y dependió de una estrecha relación con Dios, y en los momentos más oscuros de su vida no acudió a sus consejeros, sino pidió ser llevado a la roca más alta que él: "Oye, oh Dios, mi clamor; A mi oración atiende. [2] Desde el cabo de la tierra clamaré a ti, cuando mi corazón desmayare. Llévame a la roca que es más alta que yo, [3] Porque tú has sido mi refugio, Y torre fuerte delante del enemigo". Salmos 61: 1-3 (RVR1960). La experiencia de David lo llevó a la roca mas solida, esta era su base de confianza, de esperanza, de ánimo para levantarse y seguir cumpliendo el propósito que Dios tenía en su vida.

Es hora de quitar la mirada del hombre sujeto a pasiones y debilidades como nosotros, y ponerla en el varón experimentado en quebranto que se compadece de nuestros dolores, que nos llevará a la roca, a una gran piedra donde estaremos a salvo, nos conducirá a la confianza de saber que el cuida de sus hijos. Es una temporada oportuna para poner los ojos en Jesús, buscarlo, internalizar sus promesas, creer sus palabras; acércate en la confianza que él te escucha. Anímate, porque el sol sale para todos.

"Dios, Dios mío eres tú De madrugada te buscaré; Mi alma tiene sed de ti, mi carne te anhela, En tierra seca y árida donde no hay aguas, [2] Para ver tu poder y tu gloria, Así como te he mirado en el santuario" Salmos 63:1-2 (RVR 1960)

Ahora quiero invitarte a mi próximo capítulo donde compartiré un tema acerca de una temporada del rey David de quien hemos estado hablando y que nos puede dar un panorama de los pasos que podemos dar cuando los momentos de crisis llegan a nuestras vidas. Acompáñenme en mi próxima entrega.

CAPÍTULO CUATRO

Tocan A Mi Puerta

"...Y me hizo sacar del pozo de la desesperación,
del lodo cenagoso; Puso mis pies sobre peña, y
enderezó mis pasos". Salmos 40:2 (RVR 1960)

Las crisis vienen a ser en nuestras vidas una coyuntura de cambios en cualquier aspecto de una realidad organizada que producen inestabilidad y que pueden conllevar a cambios, alterando nuestra cotidianidad; de hecho los cambios críticos aunque previsibles, representan siempre algún grado de incertidumbre en cuanto a su reversibilidad o grado de profundidad. Si las crisis producen cambios profundos, súbitos y violentos, y sobre todo traen consecuencias trascendentales, van más allá de crisis que pueden desencadenar una revolución; ellas pueden producir un cambio traumático en el aspecto físico, emocional o espiritual de una persona.

En este capítulo quiero compartir con mis lectores herramientas practicas que extraeremos de una historia real en las sagradas escrituras que nos pueden orientar a tener acciones cuando las crisis tocan a nuestras puertas como invasores que alteran nuestra quietud.

Compartiré principios que nos ayuden a enfrentar a los asaltantes que interrumpen la normalidad de nuestro diario vivir por causas diversas. Lo cierto es que ellas nunca llegarán con buenas noticias, cuando aparecen y nos asaltan, dejan una especie de sinsabor estremeciéndonos, acompañado con cualquiera de sus aliados como el miedo, desesperanza, desanimo, dolor, fracaso e incertidumbre, que en ocasiones nos sacan del camino que muy tranquilamente estábamos transitando.

La Biblia no oculta ninguno de los asaltantes de nuestra normalidad, de hecho el Padre hizo provisión para todo ser humanos entregando a su hijo Jesús no solo para salvación, sino para asistirnos en los imprevistos negativos que aparecen en nuestras vidas. Recordemos a Moisés quien fue perseguido por Faraón por haber sacado al pueblo de Egipto, y Dios abrió el mar en dos para que sus escogidos pasaran, o la historia de Job mencionada en otros de mis capítulos, de quien Dios mismo refirió a Satanás que era varón perfecto, recto, temeroso de Dios y apartado del mal, que a pesar de su devoción perdió no solo sus posesiones sino también su familia, donde cada mensajero llegaba a la presencia de Job para traer una mala noticia. Cuantos no recuerdan la historia del profeta de Dios quien valientemente se enfrento a 450 profetas de Baal, pero solo la palabra de una mujer sacó a Elías de la victoria para llevarlo al desierto y hundirse en la depresión; Ana, Ester, Mardoqueo, Noemí, los apóstoles que caminaron con Jesús, todos se vieron enfrentados a momentos difíciles sobre esta tierra, y nosotros no estaremos exentos de experiencias difíciles y amargas. Lo cierto es que encontraremos una luz al final del túnel, ya que las promesas de Dios no es que seríamos exonerados de las crisis, pero si cuidados y guiados en las noches más oscuras.

El rey David sigue siendo mi referente más expuesto en las líneas de este libro, no porque el resto de los hombres y mujeres de Dios no hayan dejado grandes experiencias en sus vivencias para nosotros; es simplemente porque personalmente mientras más jugo le saco a las historias del rey, siguen apareciendo cuantiosas sustancias de aprendizaje, ya que no solo se expone su experiencia y función como monarca, sino también se combinan sus vivencias como el siervo de Dios e igualmente muestra su fragilidad y humanidad en su cotidianidad.

De la próxima historia del rey David sacaremos algunos recursos que nos puedan dar un aporte para enfrentar las crisis. Muchos de mis lectores recordarán la dolorosa experiencia de David al ser asaltado en un momento de debilidad que lo llevó al triste acto del adulterio y homicidio, de acuerdo al relato de 2 Samuel 11, lo que desencadenó en una nueva crisis en la vida del hombre conforme al corazón de Dios, entre ellas la muerte del hijo que nació de la relación ilícita entre Betzabé la mujer de Urías Heteo y David.

1.- DIOS PROPORCIONA ARMAS ESPIRITUALES

"...Entonces David rogó a Dios por el niño; y ayunó David, y entró, y pasó la noche acostado en tierra..." 2 Samuel 12:16

Cuando Jehová envía al profeta Natán a confrontar al rey por su pecado, le habla de las consecuencias por haber desobedecido las ordenes de Dios. Natán le dice: "14 Mas por cuanto con este asunto hiciste blasfemar a los enemigos de Jehová, el hijo que te ha nacido ciertamente morirá." 2 Samuel 12:14 (RVR 1960). David se ve enfrentado una vez más al dolor, a la crisis, a la perdida; pero en su proceso, el hombre que amaba a Dios a pesar de sus desaciertos sabia que la única mano fuerte que podía sostenerlo para sobrevivir a otro fracaso era la mano benéfica de Jehová, y a pesar de la sentencia establecida desde el Cielo el rey se acercó al Dios que le servía y que había traicionado; dice el relato: "16 Entonces David rogó a Dios por el niño; y ayunó David, y entró, y pasó la noche acostado en tierra. 17 Y se levantaron los ancianos de su casa, y fueron a él para hacerlo levantar de la tierra; mas él no quiso, ni comió con ellos pan." 2 Samuel 12: 16-17 (RVR 1960). El primer recurso que encontré en esta historia y deseo dejarlo a mis lectores como una fuente de ayuda para enfrentar los momentos malos, es buscar primeramente al Dios que nos conoce y tiene los recursos sobrenaturales para que podamos darle frente y atravesemos las crisis.

Como humanos al recibir noticias malas lo primero que naturalmente llega a nuestros pensamientos es buscar los recursos que tenemos a la mano; un médico por un diagnóstico inesperado, al sicólogo por una depresión, al consejero por una crisis matrimonial, al analista financiero por una bancarrota; en realidad no estoy diciendo que es malo acudir a ellos para asesoría y salida, al fin de cuenta ellos son los expertos en cada una de sus áreas y tienen el conocimiento para darnos la directriz en cada caso, pero mi enfoque va más allá de la salida profesional; me centro más bien en el recurso y salida sobrenatural que nos conduce a una agudeza más firme y certera; por supuesto no puedo negar que en ocasiones Dios nos lleva direccionalmente a utilizar estos recursos profesionales mencionados. ¿Pero qué tal cuando tomamos a Dios como roca y refugio en la adversidad para que arranque de nosotros el dolor que nos desgarra?. En un acontecimiento como el de la historia de David sabemos que necesitamos un poder sobrenatural que disipe las penas que nos embargan donde Dios, solo Dios tiene el poder transformador para derramar su bálsamo y alentar el alma.

El rey esperaba una intervención divina, deseaba que al niño le fuese perdonada la vida; al fin de cuentas no fue este recién nacido el causante del escándalo, era inocente, no pidió venir al mundo, él solo era la consecuencia del pecado de David; porque ni siquiera era el pecado de Betzabé, ya que ella solo obedecía los mandatos del rey cuando fue llevada a su recámara para tener intimidad. Desconocemos los pensamientos que atravesaron por la mente de este hombre, pero si sabemos lo que hizo con la desafortunada sentencia: "rogó a Dios por el niño; y ayunó David, y entró, y pasó la noche acostado en tierra" 2 Samuel 12:16 (RVR1960). Hizo lo único que sabía hacer en tiempos difíciles y adversos, había tenido ya tantas pruebas en su vida que conocía muy bien los recursos a utilizar en las temporadas frías. Este hombre de experiencias dolorosas acudió a quien siempre era la fuente que le proporcionaba calor. Negándose a saciar su cuerpo con alimentos entró en un proceso de inanición, apartándose para Dios humillado en tierra exponiendo su causa, a ver si la misericordia alcanzaba al niño inocente de una sentencia de muerte. David en su dolor decidió utilizar los recursos espirituales para alinear su voluntad a la de Dios, para ello debía negarse a sus apetitos, a sus alimentos, que saciarían su cuerpo pero no su alma.

La Biblia establece armas y estrategias espirituales para que nosotros podamos enfrentar las más difíciles batallas, ella nos equipa espiritualmente para esos momentos donde nadie más que Dios nos puede dar una salida emocional y espiritual. Todos los que conocemos las escrituras sabemos cuáles son esos recursos, encontramos a hombres y mujeres de Dios que se refugiaron en el Señor a través de la oración, el ayuno, la fe en las escrituras, la adoración, estas se convierten en armas poderosas que nos posesionan en niveles sobrenaturales para atravesar la desesperanza.

No podemos negar que hoy han sido silenciadas en los pulpitos las enseñanzas que nos equipan para la pelea, de hecho el mensaje es tan humanista que se ha perdido la perspectiva de lo espiritual, optando por soluciones naturales e ignorando las sobrenaturales. Los predicadores sin esencia de lo espiritual enseñan a sus seguidores a manejar sus conflictos simplemente con consejos manuales, superficiales, de simples declaraciones; debilitando así la fe de muchos creyentes en Cristo, porque al pelear con sus propias fuerzas y estrategias se dan cuenta que no pueden conseguir la victoria, lo que los lleva a sentirse frustrados, terminando en derrota y abandonando las filas del evangelio.

El Apóstol Pablo nos enseña que tenemos armas que deben ser usadas para tener conquistas espirituales, él dice: "⁴porque las armas de nuestra milicia no son carnales, sino poderosas en Dios para la destrucción de fortalezas,⁵ derribando argumentos y toda altivez que se levanta contra el conocimiento de Dios, y llevando cautivo todo pensamiento a la obediencia a Cristo," 2 Corintios 10:4-6 (RVR 1960). Estoy firme en la convicción que las armas que Dios ha provisto para nuestras batallas están tan vigentes hoy como lo estuvieron en los momentos en que estos hombres y mujeres las usaron a su favor; es más me atrevo a decir que hoy más que nunca ellas se hacen necesarias en nuestras vidas para poder combatir las adversidades que experimentamos en estas temporadas; siendo mi anhelo que mis lectores así como la iglesia del Señor las puedan usar para poder experimentar el poder de Dios. Volvamos a los recursos provistos por Dios, los creyentes no pueden seguir siendo seguidores flojos que están esperando que todos sus problemas sean resueltos de una forma mágica; sin negación al yo, sin hacer morir la carne, sin devoción, sin fe, donde todo es de palabras pero no de hechos y que al llegar el momento cruel esperamos de Dios la salida inmediata.

David estaba claro que Dios lo había librado de la mano de Goliat, de la persecución del Rey Saúl para matarlo, de grandes batallas, nuevamente podía asistirlo en tal abatimiento. En realidad no se cual sería su oración postrado en tierra en esa ocasión, pero sí recuerdo uno de sus tantos gritos de auxilio donde una vez más expresaba su dolor: "Sálvame, oh Dios, Porque las aguas han entrado hasta el alma. ² Estoy hundido en cieno profundo, donde no puedo hacer pie; He venido a abismos de aguas, y la corriente me ha anegado. ³ Cansado estoy de llamar; mi garganta se ha enronquecido; Han desfallecido mis ojos esperando a mi Dios." Salmos 69:1-3

El rey sabía con que armas pelear en cada guerra, era un hombre de enfrentar combates, de pelear contra los enemigos de Dios y del pueblo de Israel, pero también sabia cuales eran las armas que debía usar para enfrentar las más crueles guerras emocionales, las que conmovían su vida personal, su humanidad, que hacían sangrar su corazón de pena, soledad y desdicha.

Dios nos es refugio para no perder las fuerzas, para encontrar paz en medio del dolor, reposo en la ansiedad y la depresión; dirección para recibir sabiduría cuando no encontramos que hacer en una decisión, nos da la mano para darle ánimo a nuestra fe cuando la desesperanza nos visita. Cuando las adversidades tocan a nuestras puertas debemos correr y clamar: "Sálvame, oh Dios".

2.- ENTIENDE Y SAL DE LA NEGACION

"... Mas David, viendo a sus siervos hablar entre sí, entendió..." 2 Samuel 12:19

En medio del drama de esta historia, se hace real el decreto que había sido pronunciado por el profeta Natán autorizado desde el cielo. Lo que el varón de Dios temía había acontecido, el relato de las escrituras dice la noticia: "¹⁸Y al séptimo día murió el niño; y temían los siervos de David hacerle saber que el niño había muerto, diciendo entre sí: "Cuando el niño aún vivía, le hablábamos, y no quería oír nuestra voz; ¿cuánto más se afligirá si le decimos que el niño ha muerto? ¹⁹ Mas David, viendo a sus siervos hablar entre sí, entendió que el niño había muerto; por lo que dijo David a sus siervos: ¿Ha muerto el niño? Y ellos respondieron: Ha muerto." 2 Samuel 12:18-19 (RVR 1960). Con esta trágica noticia he querido dejarte un segundo recursos que sea un aporte en medio del proceso de dolor por las adversidades.

No podemos negar que el abatimiento produce bloqueo emocional, somos conmocionados cuando las circunstancias negativas llegan como tormentas de frio a nuestras vidas; pero es también allí donde la intervención sobrenatural juega un papel protagónico para fortalecernos y asistirnos cobijándonos en su gracia para enfrentar la agónica realidad.

En estos procesos difíciles, todos no reaccionamos de la misma forma, unos sienten más dolor que otros, pero lo cierto es que sin medir la intensidad, todos sentimos agonía y siempre desearemos un tranquilizante que calme nuestro desconsuelo. Encontraremos personas que entran en procesos de negación, resistiéndose a enfrentar tales noticias devastadoras como un medio de escape para tratar de evadir la aflicción y sentir alivio emocional, pero su consuelo será momentáneo ya que al evadir tal sufrimiento, en el camino despertarán con el embate emocional lo que les llevará a la tristeza y posiblemente la depresión, deseando en ocasiones hasta la muerte.

Cuando estamos atravesando una crisis debemos de buscar los recursos necesarios para salir de ella, entre ellos mantener la disposición de salir de la negación pretendiendo que todo está bien, debemos llegar a un punto que atraviese la frontera entre la negación y pasar a la realidad para seguir adelante. Recuerda que los acontecimientos no anulan nuestra fe, más bien ellos nos pueden llevar a activar nuestra esperanza y así poder salir del pozo de la desesperación.

Cuando el rey recibe la trágica noticia de la muerte de su hijo con Betzabé, tuvo que enfrentar la terrible realidad; pero considero de manera personal que su acción de humillación delante de Dios al conocer inicialmente la sentencia, le abonó un refuerzo de lo alto para resistir el dolor que le vendría. Si recordamos cuando el escuchó el veredicto divino, David se postró en tierra para que se aplicara misericordia en la vida de su hijo, pero su acción no cambió el veredicto, pero su acercamiento al Señor disipo el dolor por la separación física.

Cuando David vio hablar entre sí a sus siervos que el niño había muerto "entendió" que la sentencia había sido cumplida. Pasaron siete días después de la palabra profética cuando el niño murió, siete días de agonía para el rey, pero también siete días de refugio en la roca más alta que él; su Dios, su refugio, su salvación. Creo que esos días mientras llegaba la hora de consumar su juicio; Dios mismo estaba haciendo provisión para sostenerlo en estos días malos; el amoroso Padre cubría a su hijo amado, su ungido; llevando a David a morar bajo la sombra del omnipotente, quien había aprendido a habitar al abrigo del altísimo.

El varón recibió las fuerzas que necesitaba para pasar la copa amarga de la separación física de su hijo, para no aferrarse a su voluntad, sino que dio el paso de aceptar con resignación la voluntad del que lo llevaba de su mano.

Las respuestas de Dios en nuestros momentos difíciles no son siempre las que esperamos, pero de lo que debemos estar aferrados y seguros es que el nos sostendrá y levantará a pesar de los resultados. David hizo lo que todos debemos hacer, llegar al trono de la gracia para solicitar el auxilio divino. De manera personal concluyo que si él no se hubiese refugiado en su creador y Señor, posiblemente la historia hubiese sido otra; porque recuerde que no solo estaba el dolor por su hijo, no debemos olvidar las acciones de su desliz: adulterio y homicidio; así que él tenía que enfrentar toda esta realidad en la misma temporada.

No evada la realidad, con los recursos espirituales Dios nos puede sacar de la negación, de no aceptar los sucesos, entendiendo que el proceso puede tomarse un tiempo mas largo para unos que para otros, pero que más temprano que tarde se debe aceptar la verdad de los acontecimientos.

3.- LEVANTATE Y RENUEVATE

"Entonces David se levantó de la tierra, y se lavó y se ungió, y cambió sus ropas,..." 2 Samuel 12:20

El tercer recurso que quiero dejar en estas líneas y en tu corazón para enfrentar y superar la crisis es levantarte y renovarte. Después de entender los acontecimientos, David se levantó. Dice la Biblia: "20 Entonces David se levantó de la tierra, y se lavó y se ungió, y cambió sus ropas, y entró a la casa de Jehová, y adoró. Después vino a su casa, y pidió, y le pusieron pan, y comió. 21 Y le dijeron sus siervos: ¿Qué es esto que has hecho? Por el niño, viviendo aún, ayunabas y llorabas; y muerto él, te levantaste y comiste pan. 22 Y él respondió: Viviendo aún el niño, yo ayunaba y lloraba, diciendo: ¿Quién sabe si Dios tendrá compasión de mí, y vivirá el niño? 23 Mas ahora que ha muerto, ¿para qué he de ayunar? ¿Podré yo hacerle volver? Yo voy a él, mas él no volverá a mí." 2 Samuel 12: 20-23 (RVR 1960). ¿El rey se levantó después de que?; él se levantó después de que entendió que ya no podía seguir intercediendo por la recuperación del niño, después de escuchar la noticia de su muerte, después de haber pasado tiempo en tierra humillado ante el Señor, después de haber ayunado, después de haber clamado y desgarrado su alma, después de haber estado en intimidad con su Dios.

Este varón se levantó de la tierra, se lavó, se ungió y mudo sus ropas, así que había llegado la hora de la decisión de levantarse para seguir adelante con su vida a pesar de la perdida. ¿Amaba David al niño? por supuesto que sí, de no ser así no se hubiese postrado en tierra para clamar por él; pero jamás lo amaría más que al Dios a quien él servía y que siempre lo rescataba y perdonaba de sus penurias. El rey decidió cambiar la perspectiva de sus crisis; tal vez hizo un análisis personal de los acontecimientos aseverando dentro de sí la realidad de todo lo sucedido, pero fortalecido porque podía levantarse.

El testimonio de David debe ser tomado como un recurso motivador para accionar a la renovación; muchos deben hoy despojarse del olor a depresión que los embarga dejándolos en tristeza y desesperanza, es la hora para muchos que han estado postrados en tierra que se levanten de su amargura, dolor y abatimiento; que mientras lees la historia de este varón de Dios decide volver en sí, entender y levantarte para que puedas renovarte; suelta todas las cosas negativas que te ha podido dejar tu crisis, abandónalas ya y vístete de la fortaleza sobrenatural que el cielo te ofrece. Vístete de sueños, de esperanza, de paz.

No podemos negar que las crisis nos pueden llevar a caer postrados a tierra, pero las promesas de Dios son eternas y nos levantan, nos cambian, traen frescura al corazón. El proverbista Salomón hijo de David lo pudo expresar: "Torre fuerte es el nombre de Jehová; A él correrá el justo, y será levantado." Proverbios 18:10 (RVR 1960), así que él no nos dejará postrados en tierra, es seguro que extenderá su mano para socorrernos y levantarnos.

Cuando Dios nos levanta es seguro que encontraremos a muchos incrédulos a nuestro alrededor que no entenderán los acontecimientos, ¿saben por qué? definitivamente creo que el mundo natural no percibe los procesos sobrenaturales, la gente que camina en lo físico no puede comprender lo que acontece cuando un creyente es llevado de la mano por Dios, por eso siempre he creído desde mi conversión que somos un testimonio al mundo del poder milagroso del Señor, ellos vendrán a los pies de Cristo porque quedarán maravillados de lo que nuestro Rey hace en medio de nuestras crisis.

Estas interrogantes en el corazón de muchos surge cuando desconocen quien es Dios y lo que puede hacer en aquellos que le creen. Son testimonios inentendibles pero poderosos que pueden conducir a los no creyentes a los pies de la cruz para también refugiarse en Dios quien hace prodigios.

Los sirvientes de David no entendían el proceso del rey, me los imagino murmurando entre ellos al ver la acción del varón de Dios de levantarse, bañarse, ungirse, cambiar las ropas sucias de 7 días postrado en tierra, ¿se imaginan?, ellos estaban turbados, era como contradictorio para sus ojos ver que estaba apartado mientras estaba vivo y ahora se levanta después del niño muerto, hasta tenían la osadía de increpar a su rey diciéndole: ¿Qué es esto que has hecho?, en otras palabras: por favor explícanos lo que sucede, no entendemos, y David comprendiendo tal vez la confusión de sus siervos les explica que hay tiempo para todo como lo dijera Salomón su hijo; hay para el dolor pero también para las nuevas y futuras oportunidades, él les responde: "Pero ahora que ya ha muerto, ¿qué gano con no comer? No puedo devolverle la vida, ni hacer que vuelva a estar conmigo. Más bien, algún día yo moriré e iré a reunirme con él", definitivamente el Señor le hizo recobrar las fuerzas para levantarse y renovarse.

4.- ADORACIÓN SIN LIMITES

"Y cambió sus ropas, y entró a la casa de Jehová, y adoró..." 2 Samuel 12:20

Tal fue su acción que después de refrescarse y cambiar su vestimenta, y ungirse se fue a la casa de Dios a adorar a aquel que una vez más lo había sostenido y rescatado en su adversidad. David era un adorador y sabia lo que era estar en la presencia de Dios exaltando su nombre; el relato no expresa la letra de su adoración, ni sus palabras, lo que si nos deja revelado es que después de entender y levantarse se fue a la casa del Dios todopoderoso y no sabemos si levantó las manos, no dice la historia que se postró, pero nos revela que hizo lo que sabía hacer: Adorar.

La adoración no es un simple cántico, no necesitamos tener una buena voz para adorar; los verdaderos hombres y mujeres devotos a Dios saben que la adoración es la máxima expresión de exaltación al único ser supremo que la merece. Con palabras reconocemos ante él cuán majestuoso, precioso, real, imponente, sublime y solemne es para nuestras vidas. En adoración le expresamos lo que sentimos por él, saliendo de nuestros corazones y no de nuestros labios, le decimos lo que para nosotros representa conocerle. En lo primero que pensó David fue postrar su corazón ante su Señor, y dedicar no un tiempo de clamor en el dolor, sino un tiempo de exaltación que le daría una total renovación.

Oh cuanto deseo y anhelo en lo profundo de mi corazón ser una adoradora como David. Adoración es lo único que verdaderamente podemos darle a nuestro Rey, todo lo demás que tenemos viene a nosotros por su benevolencia, no hay nada que tengamos que no lo hayamos recibido por la gracia de Dios; lo único que podemos darle al Señor es nuestra veneración. Muchos creyentes se convierten en ladrones porque no le entregan a Dios lo que le pertenece, no entienden, no perciben, que él espera de sus hijos adoración, espera lo mejor de lo mejor de quienes dicen que él es su Señor y Salvador.

Si los creyentes entendieran el verdadero significado que tiene convertirse en adoradores genuinos, que expresan sincera entrega en espíritu y en verdad; las vidas de muchos cristianos serían renovadas constantemente, descubrirían que pueden penetrar las esferas espirituales con sus más sinceras ofrendas de alabanzas al trono de la gracia; experimentarían renovación en sus vidas espirituales, disfrutarían de milagros sobrenaturales. David lo sabía, ya tenía la experiencia en ser adorador, su espíritu estaba codificado para reverenciar, venerar e idolatrar al único que se lo merece: Su Dios, mi Dios, tu Dios. Cuando aprendes el verdadero significado de entrega, tu vida jamás será la misma, lo que te llevará a nuevos niveles de experiencias con el Señor.

Después de hacer lo único que sabía hacer ante el soberano Señor de su vida, regresó a casa y pidió que le dieran de comer y comió, de acuerdo a lo que dice la palabra: "Después vino a su casa, y pidió, y le pusieron pan, y comió"; me llama la atención el relato porque nos dice que primero se renovó para luego ir a la casa de Dios y después regreso a palacio, pidió pan y comió, es interesante leer el orden de lo que David hace después de levantarse: se arregla, se va a la casa de Dios a adorar y luego regresa a su casa a comer, no sé si para usted tiene significado, pero a mí me deja un gran enseñanza de la importancia que el rey le daba a su devoción a Dios. Cualquier predicador, salmista, cantante famoso en los cirulos cristianos llamaría a David un fanático y religioso, un empedernido seguidor, un sacrificado por los asuntos espirituales, tal vez cuestionarían de cómo es posible que después de todo el proceso de perdida, de luto, de retiro espiritual, todavía se seguiría postrando, prefiriendo estar en la casa de Dios antes que comiendo los banquetes del palacio real, me los imagino cuestionando en sus elocuentes predicaciones la consagración del rey; porque tristemente esa es la visión de muchos "ministros cómodos" hoy, que antes de presentarse a Dios hay que servirles la mesa, colocarlos en el hotel cinco estrellas, trasladarlos en las mejores líneas aéreas en clase A, darles a tomar aguas costosas, llevarlos al mejor restaurante de carnes de la ciudad, y después de todo un contrato aceptado si hay que ir a la casa de Dios. Me gusta que David revirtió el proceso para adorar al Rey de reyes y Señor de señores; primero se fue a la casa de Dios y después disfrutó de todos los beneficios y bendiciones que ofrecía ser el monarca de Israel. No cree usted que en este tiempo muchas cosas han cambiado, espero que ninguno de mis lectores desestime amar estar en la casa de Dios para adorar.

Me imagino al rey hambriento después de siete días de abstinencia alimenticia, pero decidido antes que todo a honrar al que lo levantó del polvo; eso se llama gratitud, es la expresión de estar agradecido a pesar de la pérdida del niño, eso se llama amor genuino.

5.- CONSUELA A OTROS

"Y consoló David a Betsabé..." 2 Samuel 12:24

Después de la tormenta llega la calma, y luego de todo el proceso de dolor, comprensión y recuperación David tiene una encomienda; y este sería mi quinto recurso que expondré en mis próximas líneas como un aporte que podemos darle a quienes están pasando por una crisis, y es la encomienda de consolar a otras personas. Dice la historia: "²⁴Y consoló David a Betsabé su mujer, y llegándose a ella durmió con ella; y ella le dio a luz un hijo, y llamó su nombre Salomón, al cual amó Jehová, ²⁵y envió un mensaje por medio de Natán profeta; así llamó su nombre Jedidías, a causa de Jehová." 2 Samuel 12:24-25 (RVR 1960). Alguien dijo que nadie puede dar lo que no tiene, ni alguien puede llevar a otros a donde nunca ha ido, y definitivamente para aportar ayuda a los que están a nuestro alrededor tenemos que nosotros estar en la condición correcta para hacer el aporte, porque si estamos enfermos, pues simplemente enfermaremos a los demás, ya que le daremos la medicina que nosotros mismos nos hemos tomado. El resentido no puede promover perdón, el amargado no puede auspiciar la paz, el abatido no puede llevar aliento.

Precisamente consuelo era lo que una madre con dolor por la pérdida de su hijo necesitaba, me imagino a Betzabé en pena por la muerte de su amado bebé; solo alguien que había superado la prueba de una perdida podía asistirla humanamente en tal proceso; y ese fue el rey quien en un momento de desvarío perdió el control sobre su carne, enviándola a llamar para tener con ella una noche de placer, el mismo que asesinó a su esposo para ocultar su pecado, dejando borrascosamente la idea de que el padre del niño era Urías Heteo y no él, pero para el rey el proceso de culpa y dolor se dio por terminado, su refugio en Dios trajo restauración, alivio, perdón, fortaleza y cuantas cosas positivas no trajo su acercamiento a aquel que todo lo puede, el Dios eterno que pregunta en las escrituras: "Habrá algo imposible para mí". Ahora el hombre conforme al corazón de Dios está preparado emocionalmente para darle asistencia a la que es la madre de su hijo muerto y será la madre del hombre más sabio sobre la tierra. El hombre con las acciones más oscuras y los resultados nefastos ahora tiene el renuevo para tomar en sus brazos a la mujer que le dará al sucesor del trono, Salomón.

Cualquier escritor que no conoce a Dios al leer esta historia pudiese redactar un libreto con muchos capítulos dramáticos para una telenovela, y terminarían como todo final rosa diciendo: "Y se casaron y fueron felices". Lo cierto es que el hombre de este drama verdadero toma a betzabé por mujer acercándose a ella, pero ahora con la aprobación de Dios, engendrando un hijo al cual las sagradas escrituras dicen: "Al cual amó Jehová". La versión Dios Habla Hoy, lo expresa de esta manera: "Después David consoló a Betsabé, su mujer. Fue a visitarla y se unió a ella, y ella dio a luz un hijo al que David llamó Salomón. El Señor amó a este niño, [25] y así se lo hizo saber a David por medio del profeta Natán. David entonces, en atención al Señor, llamó al niño Jedidías." 2 Samuel 12:24- 25(DHH). Me parece tan poderosa la expresión de este relato de la vida real, porque Dios le manifiesta a David el amor que tiene por el futuro hijo que le está concediendo tener con la mujer antes mancillada pero ahora consolada y aprobada por el cielo; enviándole un mensaje por medio del mismo profeta que le dio la palabra de juicio, dice otra versión que Fue tanto el amor de Dios por el niño, que envió al profeta Natán para que les dijera: "En mi honor, este niño se llamará Jedidías, que significa "Amado de Dios". Mas que poderoso este hermoso final de una triste historia pasada; un drama real al que podemos sacarle cuantiosas enseñanzas que nos expresan el infinito amor de Dios por sus hijos.

Nuestras experiencias adversas podrán ser usadas por Dios para consolar y levantar a los caídos que nos rodean, como un testimonio vivo de su poder, cambiando la tristeza en gozo. No te rehúses a ser un instrumento de aliento; permítele al que te levantó usarte para la gloria de su nombre usando tu dolor para disipar el de otros.

6.- INCORPORATE A LA NORMALIDAD

"Y juntando David a todo el pueblo, fue contra Rabá, y combatió contra ella, y la tomó..." 2 Samuel 12:29

Quiero utilizar el sexto y último recurso que te traslada a retomar el curso de tu vida: Incorpórate a la normalidad, regresa a los compromisos de tu cotidianidad, considerando que aún tienes mucho que aportar en tus funciones, con tus asignaciones, dones, talentos y habilidades; eso hizo el varón de esta historia.

Si recordamos la historia del rey, este había hecho un paréntesis como el monarca de Israel, el haberse quedado en palacio en tiempo de guerra le había costado muy caro, más sin embargo a pesar del proceso este hombre pudo superar la tormenta y regresó a sus funciones como el conductor del reino, dice la historia: "²⁶ Joab peleaba contra Rabá de los hijos de Amón, y tomó la ciudad real. ²⁷ Entonces envió Joab mensajeros a David, diciendo: Yo he puesto sitio a Rabá, y he tomado la ciudad de las aguas. ²⁸ Reúne, pues, ahora al pueblo que queda, y acampa contra la ciudad y tómala, no sea que tome yo la ciudad y sea llamada de mi nombre. ²⁹ Y juntando David a todo el pueblo, fue contra Rabá, y combatió contra ella, y la tomó ³⁰ Y quitó la corona de la cabeza de su rey, la cual pesaba un talento de oro, y tenía piedras preciosas; y fue puesta sobre la cabeza de David. Y sacó muy grande botín de la ciudad. ³¹ Sacó además a la gente que estaba en ella, y los puso a trabajar con sierras, con trillos de hierro y hachas de hierro, y además los hizo trabajar en los hornos de ladrillos; y lo mismo hizo a todas las ciudades de los hijos de Amón. Y volvió David con todo el pueblo a Jerusalén." 2 Samuel 12:26-31 (RVR 1960). El rey al recibir el mensaje de Joab toma la firme decisión de continuar con sus labores monárquicas; tenía que continuar el trabajo asignado hasta el tiempo de la llegada del heredero al trono, y para eso debían pasar unos cuantos largos años.

El pueblo dependía de su liderazgo, de su dirección, tenía la asignación de estar y guiar al pueblo en las batallas, le correspondía al ungido seguir consultando a Jehová. La firme decisión de retomar sus compromisos de palacio, y reuniendo a todo el pueblo combatió contra Rabá y dice la Biblia que la tomó, quitando la corona de la cabeza de su rey y siendo puesta sobre la cabeza de David como señal de victoria. Alguien dijo que "Despúes de los vientos regresa la calma".

Nunca pierdas la visión por las crisis que atraviesas, recuerda siempre que tal vez hoy es Viernes pero el Domingo llegará. Te animo a que te levantes y recobres las fuerzas en tu Señor para que cumplas el propósito que está trazado para ti. no son las crisis las que abortan el plan, son nuestras propias decisiones las que lo detienen.

"Te glorificaré, oh Jehová porque me has exaltado, Y no permitiste que mis enemigos se alegraran de mí. ² Jehová Dios mío, A ti clamé, y me sanaste. ³ Oh Jehová, hiciste subir mi alma del Seol; Me diste vida, para que no descendiese a la sepultura. ⁴

Cantad a Jehová, vosotros sus santos, Y celebrad la memoria de su santidad. ⁵ Porque un momento será su ira, Pero su favor dura toda la vida. Por la noche durará el lloro, Y a la mañana vendrá la alegría. ⁶ En mi prosperidad dije yo: No seré jamás conmovido, ⁷ Porque tú, Jehová, con tu favor me afirmaste como monte fuerte. Escondiste tu rostro, fui turbado. ⁸ A ti, oh Jehová, clamaré, Y al Señor suplicaré. ⁹ ¿Qué provecho hay en mi muerte cuando descienda a la sepultura? ¿Te alabará el polvo? ¿Anunciará tu verdad? ¹⁰ Oye, oh Jehová, y ten misericordia de mí; Jehová, sé tú mi ayudador. ¹¹ Has cambiado mi lamento en baile; Desataste mi cilicio, y me ceñiste de alegría. ¹² Por tanto, a ti cantaré, gloria mía, y no estaré callado. Jehová Dios mío, te alabaré para siempre. Salmos 30: 1-12

CAPÍTULO CINCO

Puesta La Mirada De Manera Equivocada

"…¡Realmente no tiene sentido que alguien venga y se quede con todo lo que tanto trabajo nos ha costado llegar a tener! ²⁰ Una vez más me desanimó el haber trabajado tanto en esta vida". Eclesiastés 2: 19-20 (TLA)

*C*ada estudio de la Biblia nos deja grandes enseñanzas, creo que nunca terminamos de aprender de este libro eterno, aún de un mismo pasaje al revisarlo en diferentes oportunidades, saltan ante nuestros ojos cosas nuevas que no habíamos anteriormente percibido. Las escrituras hablan de todas las áreas de la vida para que podamos adoptar un estilo de conducta de acuerdo a la voluntad de Dios. Si deseamos saber lo que el Señor quiere hablarnos acerca del matrimonio y la familia, lo podemos conseguir en sus escritos, tal vez si usted desea saber sobre finanzas, relaciones interpersonales, crianza de los hijos o cualquier otro tema lo encontrará en la palabra de vida. La Biblia nos conduce desde la cotidianidad hasta lo eterno, nada se le escapa a esta eterna y única pieza literaria que tiene poder en sí misma para cambiar la óptica de cualquier ser humano, transformando lo moral y eterno en el corazón del hombre.

En este capítulo quiero hacer una corta referencia al libro de Eclesiastés, el cual contiene una riqueza extraordinaria con una perspectiva realista sobre la cotidianidad, el diario vivir; que trae consigo desesperanza, desencanto y desengaño, en otra palabra Salomón nos enfoca la desilusión que en muchas ocasiones nos deja nuestro recorrido sobre esta tierra. Siempre he pensado que necesitamos en nuestros púlpitos más predicaciones que nos guíen a ver la vida con realismo como lo presenta este manuscrito, exhortadores que presenten la revelación de estas extraordinarias líneas que nos brindan con transparencia enseñanzas que todos debemos establecer en nuestros corazones con el fin de no ser tan decepcionados por las personas o por circunstancias en nuestro día a día.

Este libro nos ofrece a los creyentes en Jesucristo una película imaginaria que muestra el insaciable corazón del ser humano y la insatisfacción con la que tenemos que luchar a consecuencia de la condición pecaminosa que hemos heredado. Alguien dijo: "El ser humano tiene un hueco del tamaño de Dios y solo él lo puede llenar"; pienso que Salomón comprendió que también tenía un hueco y que solo su Dios se lo podía saciar; así que estoy clara que no habrá nada excepto Dios que llene nuestros vacíos. Expresiones como: "[2] Vanidad de vanidades, dijo el Predicador; vanidad de vanidades, todo es vanidad" ; [3] ¿Qué provecho tiene el hombre de todo su trabajo con que se afana debajo del sol?"; "[8] Todas las cosas son fatigosas más de lo que el hombre puede expresar; nunca se sacia el ojo de ver, ni el oído de oír" ; "[14] Y pude darme cuenta de que todo lo que se hace en este mundo es vana ilusión, es querer atrapar el viento ". Eclesiastés 1:2,3,8, y 14(RVR1960/DHH). Me gusta el realismo del hombre más sabio, el rey Salomón; la claridad de su mensaje nos ayuda a no vivir tanto de ilusiones pasajeras, ni a poner la mirada en las cosas de la tierra, él desea sacarnos de la esperanza en lo terrenal, y nos motiva a quitar los ojos de las personas, para poner la mirada de manera correcta; enfocarnos en la soberanía y señorío del Rey de reyes y Señor de Señores. Salomón en sus doce capítulos nos sintoniza con la realidad pasajera de la vida y nos establece como fundamento que lo único que necesitamos es servir al Dios verdadero; finalizando su discurso de realismo invitándonos con sus palabras finales: "[13] El fin de todo el discurso oído es este: Teme a Dios, y guarda sus mandamientos; porque esto es el todo del hombre". Eclesiastés 12:13 (RVR 1960); si decidiéramos vivir con la perspectiva del rey, el hombre que lo probó todo y no se sació con nada, de esta manera sufriríamos menos de desilusión y le daríamos menos importancia a los deseos de nuestra efímera vida. Tu y yo no tenemos que probar nada, ya el rey de Israel lo experimentó todo y nos dejó sus experiencias diciendo: "2 Vanidad de vanidades, dijo el Predicador; vanidad de vanidades, todo es vanidad", "Miré todas las obras que se hacen debajo del sol; y he aquí, todo ello es vanidad y aflicción de espíritu". Salomón nos muestra la realidad de la vida para sacarnos del pozo de la desilusión.

Existen momentos en nuestras vidas donde nos hacemos un cuadro mental de sucesos que nos llevan a la ilusión y esperanza de ver realizado el anhelo que ha estado atesorado en nuestros corazones, pero que al tener la experiencia de los resultados contrarios somos impactados emocionalmente de forma negativa. Alguien dijo que "la desilusión es el paso siguiente a la realidad" y que en ocasiones produce mucho dolor; yo de manera personal considero que esto es real.

Tal vez usted habrá escuchado expresiones como: "Yo siempre creí que él algún día regresaría", dice la esposa esperando el regreso de su esposo, o a la empleada que desea el cargo de su jefe, asegurando: "cuando mi jefe se vaya de la empresa yo asumiré el cargo como líder", y qué de la ilusión de la madre que dice: "Mi sueño es que mi hijo culmine su carrera universitaria", terminando su hijo ganando un sueldo mínimo en una fábrica, que tal del empleado estrella de 25 años en la empresa que sin explicación es despedido. Tal vez muchos de mis lectores han podido experimentar tales acontecimientos.

Quiero darles la bienvenida al club de los desilusionados, a los que como yo hemos deseado y soñado esperar y recibir respuestas del anhelos para luego recibir resultados inimaginables que causan decepción, desencanto y desesperanza. La desilusión se convierte en una impresión tan negativa porque comprobamos que la realidad no corresponde a la ilusión atesorada, y lo más terrible es cuando Dios mismo se puede convertir en blanco de nuestro desencanto.

Una pareja ora a Dios para que les permita tener hijos y cuando la joven queda embarazada, ellos estaban tan ilusionados con la llegada de su bebé que hicieron todos los arreglos para su bienvenida: decoraron su cuarto, compraron todo lo necesario, hicieron celebración entre familiares y amigos; pero al momento del parto el niño muere. Tal es el dolor de los padres que manifiestan su resentimiento contra el Señor: "Para nosotros Dios no existe, ha sido cruel permitiendo su muerte". Una madre clama por sus hijos para que sean libertados de la mala manera de ellos vivir pero al no recibir respuesta a sus oraciones ella expresa: "Hace tiempo dejé de confiar en Dios, ni siquiera he vuelto a orar porque no quiero avivar una esperanza que no será real".

Cuando revisamos algunas historias bíblicas encontramos que el pueblo de Israel experimentó duras desilusiones; entre ellas una en la que los encontramos enojados, murmurando al ver un panorama contrario al prometido cuando fueron sacados de Egipto, la historia relata: "Partió luego de Elim toda la congregación de los hijos de Israel, y vino al desierto de Sin, que está entre Elim y Sinaí, a los quince días del segundo mes después que salieron de la tierra de Egipto. ² Y toda la congregación de los hijos de Israel murmuró contra Moisés y Aarón en el desierto; ³ y les decían los hijos de Israel: Ojalá hubiéramos muerto por mano de Jehová en la tierra de Egipto, cuando nos sentábamos a las ollas de carne, cuando comíamos pan hasta saciarnos; pues nos habéis sacado a este desierto para matar de hambre a toda esta multitud." Éxodo 16:1-3 (RVR 1960), era tal la desilusión del pueblo de Israel que se rebelaron contra Moisés y Aarón increpándoles que morirían de hambre por haberlos sacado de la tierra de Egipto (aunque allá estaban en esclavitud). Los resultados adversos a los esperados los desesperaron a tal punto de reclamarle a sus lideres su condición, asegurando que iban a morir de hambre porque Dios no había cumplido la promesa de cuidarlos en el desierto; preferían haber muerto por mano de Dios en el lugar de donde los sacó que hacer el recorrido que se había trazado para ellos, lo cierto es que la desilusión los embargó, llevándolos a la desesperanza en el plan divino que había sido prometido para sus vidas y sus generaciones.

Fueron suficientes dos meses para que el pueblo perdiera la perspectiva, porque deseaban que la realidad de lo esperado llegara sin obstáculos, sin pruebas ni dificultades; cuanta desilusión sufrió el pueblo de Israel para llegar a la tierra prometida. El cantico de Moisés y de María se convirtió en una queja, la música en sonidos de murmullo, la celebración fue muy corta, porque la sed y el hambre entrecortaron sus alabanzas; según ellos, Dios no había abastecido sus necesidades físicas, haciéndoles desfallecer. La ilusión perdida en un Dios provisor llevó sus corazones a la incredulidad, deseando lo peor, que era volver a tierra de esclavitud. La victoria duró poco, pronto caerían en las profundidades de la desesperanza; olvidando que entre el tiempo de la promesa y el cumplimiento de la misma debían esperar un espacio de tiempo, y es allí donde llega la desesperación por causa de la desilusión.

En algunos momentos de mi vida he experimentado tales acontecimientos que producen choque emocionales negativos, porque esperando una réplica positiva de parte de Dios tengo como resultado una salida adversa, desencadenando tristeza, desaliento y frustración como le sucedió al pueblo de Israel. Gracias al Señor que conociendo mi condición humana me lleva de su mano para atravesar el camino de la desilusión, lo que me ha promovido a la madurez de ver a Dios como Señor y soberano en las solicitudes que suelo hacerle. Así que nadie está exento de decepciones, lo importante es conseguir la brújula correcta para manejar los obstáculos sin morir en el choque, y poner la mirada no en las cosas ni en las personas sino en la determinación final de alzar la vista correctamente hacia el autor y consumador de nuestra fe.

El plan de mi tema en este capítulo es descorrer la cortina para dejar al descubierto algunas fuentes o causas que promueven la desilusión en nuestras vidas, expondré las causas que nos llevan a tener experiencias decepcionantes que dejan en el corazón desencanto.

1.- IRREALISMO

La primera causa que promueve el desconcierto en nuestros corazones es la visión alejada de la realidad o expectativas demasiado altas e inalcanzables. Por causa de tener una personalidad perfeccionista he tenido que atravesar este recorrido de desengaño, mis altas ilusiones en tener algunos logros me ha llevado a la derrota, perdiendo la perspectiva de cómo mantener la forma más sabia y ligera de llevar la vida. En ocasiones haciéndome demandas a veces inalcanzables y llevando a mis seres amados a acciones que los lanzan por la carretera pavimentada de la falsa ilusión, llegando a perder el sentido de los momentos y acontecimientos valiosos.

Me he convertido muchas veces en una crítica de los pocos alcances en mi vida personal que me han hundido en la frustración, porque cuando me exijo a dar más, al llegar a la meta me siento insatisfecha sin valorar el logro ya alcanzado, porque sencillamente me reclamo así misma que debo de dar más y más.

Cuando nos afanamos desenfrenadamente por alcanzar una meta deseada, dicho afán nos puede llevar a actuar negativamente en nuestra cotidianidad, afectando en ocasiones nuestras relaciones matrimoniales, con la familia, obstaculizando nuestro trabajo efectivo, agrietando la salud, el dinero, perdiendo la paz e hiriendo nuestro valor como seres humanos, ya que nuestro nivel de exigencia es tan elevado que nos atropellamos y afectamos emocionalmente a los que están a nuestro alrededor, principalmente nuestros seres amados, llevándonos en caída libre. La formación que recibimos en la infancia por parte de nuestros tutores, los modelos enseñados en el hogar por los padres y adoptados en el proceso de crecimiento, las exigencias en una sociedad alienante, nos imponen la presión de alcanzar muchas veces lo inalcanzable; por lo que creo que es importante hacer una revisión sabia de metas, y evaluar nuestro nivel de alcance llegando en oración ante el Señor que nos conoce, sabe nuestras intenciones y permite en su voluntad que los objetivos se logren de acuerdo a su designio sin quebrantar nuestra estabilidad emocional y la de los demás; recuerde siempre lo que dijo Salomón: "Todo es vanidad"

MANIPULADORES PARA LA APARIENCIA

La segunda causa que promueve la desilusión son los generadores de la falsa felicidad. Son los sistemas del mundo consumista que se convierten en promotores de la desilusión, creando imágenes falsas de realización y plenitud, alimentando los pensamientos de fantasía y falsos deseos. Si observamos el libreto de una atractiva publicidad donde hacen una promoción para que compres el último modelo de carro de una marca reconocida, lo primero que te venden es la satisfacción que tendrás cuando lo lleves a tu casa, sin importar cuánto debas sacrificar para alcanzarlo, lo cierto es que te muestran la satisfacción personal, la alegría (momentánea) que provee y lo realizado que te sentirás, sin calcular presupuesto, gastos, seguro, mensualidad por el crédito, el fin es alienarnos en un sistema de gastos que después de consumado el acto de la compra te des cuenta de la verdadera satisfacción, que se traduce en "ninguna", ya que solo viene a ser en nuestras vidas un bien pasajero, efímero, que en ocasiones deja muchas desilusiones aparte de déficit económico, porque pensamos que nos transformaría la vida en felicidad las veinticuatro horas del día, los siete días de la semana, solo por satisfacer tal ilusión. Si nos ponemos a observar la supuesta vida de felicidad de los grandes actores de la pantalla grande y comenzamos a hacer comparación con sus vidas de abundancia, riquezas, éxito, logros, premios y la comparamos con nuestra vida diaria, aburrida, a veces con dificultades, con problemas familiares, escasez económica, podemos ser presa de la desilusión pensando en la idea inalcanzable de algún logro similar al de ellos.

Los avances tecnológicos han invadido nuestra privacidad con una cultura de posiciones y logros, donde se nos inyecta la idea de que vales por lo que tienes y no por lo que verdaderamente eres, que es lo que Dios dice en su palabra que eres, lo que lleva a muchas personas a acariciar títulos, éxito, nombres, cargos, bienes materiales, proyectándolos como el fin para su felicidad que al enfrentarse a su realidad entran en depresión y algunos terminan con el suicidio. Puntualmente muchas mujeres son influenciada negativamente y tienden a compararse y sentirse físicamente inferiores a las actrices y modelos con cuerpos aparentemente perfectos y codiciables, llevándolas a desvalorizarse como mujer. Recuerde a Salomón: "Todo es vanidad y aflicción de espíritu".

LA MIRADA DESENFOCADA

La tercera causa de desilusión está en el enfoque de esperar que las personas cumplan nuestras expectativas, olvidando que es Dios quien guía nuestras vidas y sería él quien pondría las conexiones divinas para obtener lo que estamos esperando. Cuando quitamos la mirada de quien es el promotor de nuestros logros, alcances y proyectos y la ponemos en familiares, amigos, hermanos, guías espirituales o jefes, nos veremos expuestos a la decepción, porque nuestras aspiraciones en ocasiones no están siendo suplidas. Súmele que vivimos en un mundo de apariencias, de hacer, hacer, hacer, lograr, poseer, donde nos presentan un mundo idealista de marca, estatus social, preparación académica, viajar, lo que ciertamente no es malo, solo hasta el momento en que nos saca del realismo para llevarnos a la fantasía, produciendo una sensación de fracaso personal.

Cuando ponemos la mirada de manera equivocada, nos desenfocamos del norte que Dios traza para comenzar a escuchar voces extrañas, centrándonos en lo que escuchamos o vemos, y no en lo que Dios ha dicho que debemos oír y mirar, lo que nos desconecta del plan original. El Apóstol Pablo amonestó a la iglesia, haciéndolo extensivo a nosotros hoy, exhortando a no adaptar nuestra forma de pensar al sistema de creencias del mundo diciendo: "[2] No vivan ya según los criterios del tiempo presente; al contrario, cambien su manera de pensar para que así cambie su manera de vivir y lleguen a conocer la voluntad de Dios, es decir, lo que es bueno, lo que le es grato, lo que es perfecto." Romanos 12:2.

Muchas personas influenciadas por la desilusión adoptan conductas viciadas, llevándolas a la amargura y el resentimiento. Tal vez te has encontrado como yo a alguien conocido que habla constantemente de sus desilusiones con el novio de su adolescencia, o a un conocido que recuerda con impotencia la oportunidad perdida de un asenso en su trabajo, creyendo que está calificada para el fracaso, son muchas las historias tristes que relatan tal condición. Otro de los comportamientos adoptados es patentizarse como un individuo fracasado, con sentimientos de derrota, que se auto descalifica aseverando: no sirvo, no puedo, estoy derrotado, en fin todo un sin número de adjetivos que son definidos bajo la lupa de la desilusión. Otras personas aún más débiles de carácter buscan vías de escape como el alcohol, las drogas, se convierten en fármaco dependientes, aislándose del entorno familiar o de su círculo amistoso y hundiéndolos en el pozo de la decepción. Recuerde: "Todo es vanidad y aflicción de espíritu" según el rey más sabio sobre la tierra, Salomón.

En mis notas finales deseo dejarles aportes que les ayuden a recuperarse de la desilusión, para que podamos poner la mirada en la perspectiva correcta. La vida está compuesta de buenas y malas experiencias y de las dos obtenemos aprendizajes; a las buenas le sacamos el mejor provecho para disfrutar tales experiencia, pero también de las malas debemos aprovechar la oportunidad de enseñanza que nos dejan, creo que aprendemos más de los procesos negativos que de los que traen satisfacción, eso nos ayuda a no caer en el mismo hueco varias veces, nos redirige a tomar decisiones correctas, moldea nuestro carácter, y nos alinea a ver la vida con una óptica más realista, madura y menos exigente, como lo expone Salomón.

En el fracaso por nuestros intentos perfeccionistas debemos aprender a ser flexibles con nosotros mismos, humildes para aceptar los resultados contrarios a los que esperamos, como parte de la vida y en muchas ocasiones como parte de la voluntad de Dios, ya que las cosas no salen siempre como las esperamos, ni siempre tendremos los resultados que queremos en las metas que deseamos alcanzar.

Aprendamos que es más importante las saludables relaciones que debemos mantener y que debido a la intransigencia por no poder lograr un objetivo violentamos ordenes que nos dejan consecuencia. No sacrifiquemos relaciones por la alta expectativa ni rompamos con ellas por causa de la desilusión. Los perfeccionistas de no cambiar su comportamiento se verán enfrentados como yo en otro tiempo a mayores derrotas por esperar constantemente perfección en lo que se trazan, quieren, o esperan de los demás.

Otro de los aportes que quiero dejar en estas líneas es aprender a no depender de personas o cosas materiales; cuando aprendemos a caminar en independencia no seremos presa de la desilusión y aprendemos a ver a las personas con una óptica más humana, siempre dándole un voto de confianza a pesar de no obtener de ellos lo que se espera, sin tener sobre los mismos el dedo acusador. Los bienes materiales pasan a un segundo plano porque nos desprendemos del logro, las posesiones materiales, cargos, nombres, títulos, y se tendrá una óptica más realista, más sensible, menos complicada.

La independencia de personas y cosas nos guía por la senda de cobijarnos en aquel de quien decimos es el Señor de nuestras vidas, quien nos dirige, provee, nos da las conexiones divinas, esperando siempre su completa voluntad en todo lo que emprendemos. Aprendamos a llevar nuestras ilusiones, sueños, deseos y metas a los pies de Cristo y él se glorificará dándonos lo que necesitamos y no lo que caprichosamente queremos.

En estas pocas líneas que me quedan de este capítulo quiero dejarte lo que podemos hacer para recuperarnos cuando la desilusión llega a nuestros corazones sin tocar la puerta.

Es saludable confesar lo que sentimos, debemos aprender a ser sinceros con nosotros mismos y con Dios que nos conoce y comprende. El Señor nos da la asistencia necesaria para salir de la frustración; entrégale el dolor, la impotencia, la tristeza o enojo que te embarga, exterorízalo delante de su presencia, así te podrás desahogar de forma correcta y evitarás herir a tus seres amados.

No vivas anclada en el pasado, después de un tiempo hundido en la desilusión, levántate y decide cerrar ese ciclo que no te permite extenderte a una nueva etapa, abre una nueva página que te oriente a nuevos horizontes, con una visión realista, menos exigente y posible de alcanzar, siempre con la dirección divina.

Aprender de los fracasos se convierten en experiencias. Si has perdido tu empleo que esta sea una oportunidad de revisar con madurez las fallas si las hubieron, mejora tus habilidades y dale importancia a tus responsabilidades; si has perdido un amistad o relación amorosa, permítele a Dios que te pueda mostrar los puntos ciegos que puedan existir en tu personalidad y que tu desconoces para que se produzcan las reparaciones divinas en tu corazón.

Alguien dijo que no todos los equipos ganan el campeonato mundial ni todos los atletas ganan la medalla de oro olímpica, no todos los solicitantes obtienen el trabajo, no todos son sanados, ni todos los matrimonios llegan al final con su pacto.

"22 En fin, ¿qué saca el hombre de tanto trabajar y de tanto preocuparse en este mundo? 23 Toda su vida es de sufrimientos, es una carga molesta; ni siquiera de noche descansa su mente. ¡Y esto también es vana ilusión!". Eclesiastés 2:22

CAPÍTULO SEIS

No Siempre Las Cosas Son Como Parecen

"Aconteció en los días de Asuero" Ester 1:1(RVR 1960)

*E*n este capítulo nos introduciremos en una historia que para mí es apasionante, porque refleja la manifestación de Dios sobre el pueblo de Israel, y lo que lo hace interesante aparte de la historia llena de injusticias y recompensas contra el pueblo judío, es que en el libro no se menciona la palabra "Dios"; pero la historia muestra la providencia de Dios sobre sus escogidos.

De esta historia quiero extraer verdades que nos fortalezcan y nos conduzcan a esperar con paciencia el día de la recompensa. El relato nos alienta a seguir anclados como hijos de Dios para ver realizadas las promesas que él ha dejado en su palabra, enseñándonos igualmente que entre el tiempo de lo prometido y el cumplimiento de la promesa existe un espacio de tiempo que debemos transitar con estorbos, desiertos, obstáculos e impedimentos, colocándose hasta la vida en riesgo.

Preparando mis notas para este capítulo encontré la siguiente nota de reflexión irreal de la cual desconozco su autor, de la que podremos concluir que en ocasiones lo que acontece tiene un final diferente a lo que pensamos serian los acontecimientos. Acompáñenme a leer esta historia: "Dos ángeles de viaje se detuvieron para pasar la noche en la casa de una familia adinerada.

La familia era grosera y le negó a los ángeles quedarse en el cuarto de huéspedes de la mansión, en cambio les dieron un espacio pequeño en el sótano frío. Cuando ellos hicieron su cama en el suelo duro, el ángel más viejo vio un agujero en la pared y lo reparó. La noche siguiente el par de ángeles fue a descansar en la casa de un pobre granjero muy hospitalario y su esposa; después de compartir la humilde comida, la pareja de granjeros le cedió su cuarto a los ángeles para que pudiesen descansar bien. Cuando el sol surgió a la mañana siguiente los ángeles encontraron al granjero y su esposa llorando; Su única vaca, cuya leche había sido su sólo ingreso, estaba muerta en el campo. El ángel más joven se asombró y le preguntó al más viejo cómo pudo permitir que esto ocurriese.

El ángel molesto le dijo al ángel más viejo: "El primer hombre tenía todo, y todavía tu lo ayudaste, mientras que la segunda familia tenía muy poco y estaba dispuesta a compartir todo, ¡Y tú permitiste que la vaca se les muriese.! "

Pero no siempre las cosas son como parecen, contestó el más viejo. "Cuando nosotros nos quedamos en el sótano de la mansión, noté por el agujero de la pared que había muchos sacos de oro en la habitación vecina. Como el dueño se obsesionó con su avaricia y no era capaz de compartir su fortuna, yo le sellé la pared para que nunca más los vuelva a encontrar, y anoche, cuando nos fuimos a dormir a la cama de los granjeros, vino el ángel de la muerte para llevarse a su esposa, yo le di a cambio la vaca para que muriera por la esposa. Así que no siempre las cosas son como parecen ".

Esta reflexión nos ayuda a visualizar la verdad de que no siempre lo que vemos es lo que realmente sucede, ya que existen circunstancias y acciones que pueden acabar siendo totalmente diferente a los que inicialmente interpretamos. Esta narración nos deja la impresión de lo que uno de los ángeles percibe en la actuación del ángel viejo, considerando que este último está obrando de manera injusta al dejar que la vaca de los humildes granjeros que le dieron posada y comida muriese, pudiendo salvarla. El ángel le reprochó tal acción al comparar la buena disposición que tuvo de repararle un daño a la pared del sótano frio donde esa noche los hospedaron la familia adinerada. Lo cierto es que nuestra perspectiva de ver las cosas en muchas ocasiones están a gran distancia de lo que son los reales acontecimientos.

Vemos en ocasiones acciones malas hacia nosotros, pero Dios las está tornado a nuestro favor; así como observamos acciones o situaciones que parecen buenas pero nos ocasionan grandes dificultades. Así que no siempre las cosas son como parecen.

De este libro podemos sacar extraordinarias y grandes enseñanzas que afirman nuestros valores como personas y como cristianos. La vida de estos dos personajes en este drama real, Ester y Mardoqueo, nos motivan a ver la vida desde dos ópticas reales; la primera es que chocaremos en nuestro recorrido por la vida, con injusticias y enemigos, y la segunda es que a pesar de los eventos adversos, como creyentes, tenemos que mantenernos fieles y radicales en lo que creemos.

Desde que comencé a leer este libro me hice la pregunta de cuál sería la razón por la que al mismo no se le colocó el nombre de Mardoqueo, y por supuesto no recibiré respuesta; pero lo cierto es que este hombre juega un papel tan protagónico que personalmente he llegado a pensar que debía llevar su nombre; con esto no quiero bajo ningún concepto quitarle el papel principal a la hermosa reina Ester quien desarrolla su personaje real de una manera extraordinaria. Bueno lo del nombre es solo una apreciación muy personal. No me mal interprete con mi interrogante, pero Mardoqueo juega un papel tan extraordinario, demostrando la firmeza de un Judío enteramente entregado a sus principios, sin negociar bajo ningún concepto sus creencias en Dios, principios que influenciaron acertadamente la vida de la bella Hadasa.

Cada día se inicia de manera común, sin nada espectacular. Si somos realistas sabemos que cada amanecer es como cualquier otro, así que al despertar no comenzamos con la voz audible de Dios emitiendo el mensaje del día, ni el despertador son voces angelicales con música celestial; cuando hacemos memoria, recordamos que una mañana como cualquier otra comenzó a llover y trajo el diluvio; en el desierto de Sinaí cuando la zarza ardía, Moisés tuvo un encuentro con Jehová, cuantos recuerdan el día en que el joven David fue a cuidar las ovejas para luego enfrentarse con el gigante Goliat, cuantos de mis lectores les llega a la memoria el día que María y José terminaron con Jesús en un pesebre o de la mañana cuando las mujeres llegaron y vieron la piedra removida sin su maestro en el sepulcro y que de uno de amaneceres comunes donde aparecerá nuestro Salvador.

Le sucedió a Ester y a Mardoqueo en días comunes; "Aconteció en los días de Asuero" Ester 1:1(RVR 1960). La historia transcurre en el reinado de este hombre, establecido desde la India hasta Etiopia, gobernando sobre 127 provincias. Al tercer año Asuero hace banquete con cortesanos, gobernadores y príncipes, mostrando las riquezas de la gloria de su reino, según las escrituras.

Aunque Dios no fue invitado a la celebración, estaba en el lugar de los acontecimientos, en los días correctos; y es allí donde el Omnipresente comienza a mover sus fichas para realizar el juego perfecto. La reina Vasti está siendo destituida por rehusarse a presentarse ante Asuero y sus invitados, para así Dios dar paso a su plan estratégicamente orquestado; colocando a Ester como la nueva elegida en la monarquía después de todo un proceso de elección en palacio. Se solicita una reina, en un día como cualquier otro, lo único es que no podía ser cualquier mujer, debía de ser la escogida desde el trono de la gracia; su nombre: Hadasa, es decir, Ester.

Escogida ya la heredera de la corona, dice la historia: "[17]Y el rey amó a Ester más que a todas las otras mujeres, y halló ella gracia y benevolencia delante de él más que todas las demás vírgenes; y puso la corona real en su cabeza, y la hizo reina en lugar de Vasti. [18] Hizo luego el rey un gran banquete a todos sus príncipes y siervos, el banquete de Ester; y disminuyó tributos a las provincias, e hizo y dio mercedes conforme a la generosidad real". Ester 2:17-18 (RVR 1960) Esta hermosa Judía escogida por Dios con un propósito, halló gracia delante de Asuero, robándole el corazón al rey. Dice el relato que la amó más que a todas las mujeres. Hasta aquí la historia es de telenovela, pero real, todo presenta un matiz rosa, una historia de reyes, de monarquía, de realeza. Ya la joven Judía clandestinamente pero con autorización divina, estaba establecida como la reina del imperio.

Pero un día como cualquier otro, la atmosfera de celebración para los protagonistas comienza a pasar de victoria a persecución, y es allí donde nuestras acciones y proceder en la ocasión cobran gran valor, ya que determinarán el resultado, donde Dios tiene el veredicto final.

A continuación quiero presentarles seis verdades extraídas de este extraordinario libro, que debemos tener presentes en nuestro recorrido vivencial, para así ser determinantes en el proceso con nuestras creencias en Dios y su Palabra para recibir las recompensas.

1.- TU SIEMBRA DETERMINA TU COSECHA

"²¹ En aquellos días, estando Mardoqueo sentado a la puerta del rey, se enojaron Bigtán y Teres, dos eunucos del rey, de la guardia de la puerta, y procuraban poner mano en el rey Asuero. ²² Cuando Mardoqueo entendió esto, lo denunció a la reina Ester, y Ester lo dijo al rey en nombre de Mardoqueo. ²³ Se hizo investigación del asunto, y fue hallado cierto; por tanto, los dos eunucos fueron colgados en una horca. Y fue escrito el caso en el libro de las crónicas del rey". Ester 2:21-23 (RVR1960)

Siempre encontraremos traidores alrededor, gente como estos eunucos resentidos que quisieron sublevarse contra la autoridad de Asuero. Entre los cercanos habían dos insatisfechos que conspiraban; pero dentro del propósito divino, nuestro Dios está sacando provecho de los acontecimientos. Todo estaba orquestado y fríamente calculado para que Mardoqueo escuchara el plan de los rebeldes.

En mis años como cristiana y ministro del evangelio, he encontrado en las filas a personas que disgustados con el trabajo de sus líderes, se revelan a la autoridad, creando división dentro del pueblo; y no he visto en mis años, a alguno de ellos que les lleven a la horca literal, pero si a la espiritual. He visto la amarga realidad de facturas cobradas para muchos subversivos espirituales; de allí la importancia de la semilla que vamos abonando en cada terreno de oportunidades, ya que cada una de nuestras semillas tarde o temprano germinarán en tierra fértil y darán frutos dulces o frutos amargos, de acuerdo a lo plantado.

En qué día Mardoqueo sembró su buena semilla; bueno en los días cuando el rey y su pueblo estaban de banquete, y parecía que todos estaban contentos, felices y en paz celebrando el ascenso al trono de Ester. Pero entienda algo, y es que siempre surgen los que trabajan en oculto por que se sienten insatisfechos y enojados, aunque sean parte de la celebración.

Ese día como cualquier otro día Mardoqueo estaba sentado a la puerta del rey, y escuchó los argumentos de resistencia contra

Asuero. Mardoqueo como hombre integro, con todas sus partes completas, devoto de Dios y protector de la reina, anuncia el plan a su hija adoptiva quien a su vez lo informa al rey para que tome cartas en el asunto y detenga una sublevación. La denuncia se hizo efectiva y las investigaciones acertadas, condenando a la muerte a los dos conspiradores. Lo interesante es que la buena semilla que el Judío depositó en el reinado de Asuero, fue escrito en el libro de las crónicas del rey.

Como nuestra siembra determina lo que habremos de cosechar, entonces como si fuese una ecuación, debemos concluir que la buena semilla dará buenos frutos y la mala no nos traerá buenas recompensas. Los resultados no los obtendremos hasta que no sea el tiempo preciso para la siega, pero lo cierto es que es Dios quien se encargará de dar el resultado final. Recuerda que entre el tiempo de colocar la semilla y la temporada de hacer la recolección, debemos esperar un periodo de tiempo, donde la tierra, la temperatura, el agua, el sol, están procesando la simiente hasta que germine.

Exactamente es lo que sucede en nuestras vidas, hacemos el buen depósito y luego somos probados en adversidades, conflictos y obstáculos, para luego de ser afinados en nuestro proceso, el Señor se glorificará para saborear la recompensa. Cuando pensamos que nadie nos está observando, es cuando Dios está atento a nuestras acciones, dejándolas escritas en su libro; como sucedió con Mardoqueo: "fue escrito el caso en el libro de las crónicas del rey". Así que debes de Cuidar tu siembra.

2.- LA VIDA ES INJUSTA

"Después de estas cosas el rey Asuero engrandeció a Amán hijo de Hamedata agagueo, y lo honró, y puso su silla sobre todos los príncipes que estaban con él." Ester 3:1 (RVR 1960)

Encontramos en este verso a un nuevo actor de este drama sacado de la vida real, se llama Amán, quien llega a ser visir en el imperio con todos los honores, fue constituido la mano derecha del rey, honrándolo y colocándolo por encima de todos los príncipes del reinado. Amán tiene algo puntual en la historia, y es que era enemigo de los Judíos, así que lo que se veía como victoria para Ester, Mardoqueo y los Judíos, se convertiría en una pesadilla, en un proceso de retos para los protagonistas. Representaba el arquetipo del mal y el antisemitismo; posicionado para tener el control del impero, pero recuerde que es enemigo del pueblo de Dios.

Amán aparece en la escena "después de estas cosas"; ¿Qué cosas?. Bueno después de que Mardoqueo descubre el complot contra el rey, luego de este denunciar el mismo ante la reina, posterior a los hechos de haber sido hallado cierto el caso y los eunucos fueron colgados, seguido de dejar el caso escrito en las crónicas del rey.

Los malos en las telenovelas y películas siempre aparecen, y en este relato verídico surge un personaje endemoniado, enviado de los confines del infierno, que trae consigo el plan de acabar con el pueblo escogido de Dios.

La vida es injusta y dolorosa; no es cierto que somos felices las 24 horas del día, los 7 días de la semana. No es verdad que al convertirnos a Cristo, todos nuestros problemas serán resueltos, ni que estamos exentos de problemas, pruebas, y días oscuros.

Difiero de los predicadores donde sus mensajes los colocan en un solo lado de la balanza, el lado del logro, felicidad, alcance, victoria, sin tener la capacidad y discernimiento de exponer el otro extremo; que reúne injusticias, oposición, dolor o desanimo. Debían de enfocarse en predicar sobre la vida dolorosa de David, la triste realidad de Job, el trabajo con oposición de los Apóstoles. Este tipo de mensajes arrulladores se convierten para muchos en fraude, cuando ven que la realidad es otra. Así que no es cierto que no padecemos en el recorrido, lo que sí es cierto, es que en el desierto Dios está trabajando en silencio. Por eso recuerda: No siempre las cosas son como parecen, porque también encontraremos injusticias.

3.- SEAMOS RADICALES

"2 Y todos los siervos del rey que estaban a la puerta del rey se arrodillaban y se inclinaban ante Amán, porque así lo había mandado el rey; pero Mardoqueo ni se arrodillaba ni se humillaba. 3 Y los siervos del rey que estaban a la puerta preguntaron a Mardoqueo: ¿Por qué traspasas el mandamiento del rey? 4 Aconteció que hablándole cada día de esta manera, y no escuchándolos él, lo denunciaron a Amán, para ver si Mardoqueo se mantendría firme en su dicho; porque ya él les había declarado que era judío". Ester 3:2-4

Soy de las personas que creen que el amor y servicio a Dios no puede ser a medias. Cuando me conviene le sirvo y cuando no me conviene lo niego. Muchos cristianos son como el camaleón, cambian de color según la ocasión. El cristiano radical, es aquel que siempre mantiene su línea de pensamientos en una sola dirección, conserva la sana doctrina, y entiéndame no me estoy refiriendo a modas, usos y costumbres, hablo y escribo sobre preservar las sanas enseñanzas que nos deja la Biblia, la Palabra de Dios, y que hoy lamentablemente está siendo adulterada para condicionarla a caprichos y deseos personales, que al no salir las cosas como se espera, cuando las noches frías llegan a tocar a la puerta, entonces las creencias de radicales se convierten en relativas.

Mardoqueo había sido guiado en las enseñanzas que le hablaban del único y soberano Señor; instruido en los mandamientos dados al pueblo por Moisés para que se cumplieran sus ordenanzas. Este judío estaba claro que no se postraría ante nadie que no fuese su Dios. Mardoqueo Conocía el mandamiento: "⁴No te harás imagen, ni ninguna semejanza de lo que esté arriba en el cielo, ni abajo en la tierra, ni en las aguas debajo de la tierra. ⁵No te inclinarás a ellas, ni las honrarás; porque yo soy Jehová tu Dios, fuerte, celoso, que visito la maldad de los padres sobre los hijos hasta la tercera y cuarta generación de los que me aborrecen, ⁶y hago misericordia a millares, a los que me aman y guardan mis mandamientos." Éxodo 20: 4-6 (RVR 1960), y estas palabras estaban tan internalizadas en el espíritu de este hombre que a pesar de la orden de postrarse ante Aman decidió obedecer a Dios antes que a los hombres, eso se llama ser radical. La Biblia también nos recuerda la historia de 3 jóvenes ante Nabucodonosor declarando: "¹⁶Sadrac, Mesac y Abed-nego respondieron al rey Nabucodonosor, diciendo: No es necesario que te respondamos sobre este asunto.¹⁷He aquí nuestro Dios a quien servimos puede librarnos del horno de fuego ardiendo; y de tu mano, oh rey, nos librará. ¹⁸Y si no, sepas, oh rey, que no serviremos a tus dioses, ni tampoco adoraremos la estatua que has levantado" Daniel 3:16-18 (RVR 1960) era tanta la convicción de estos jovencitos que aunque la ira del rey se encendió contra ellos no se postraron. Así mismo vemos en las escrituras a hombres y mujeres de Dios radicales, que no se doblan ante nada ni nadie, siendo fieles hasta el final al Señor en quien habían creído.

Estamos en una temporada donde estamos siendo retados a demostrar que verdaderamente servimos a Dios; que le probemos a una sociedad desorientada que somos radicales. Nos están calentando el horno cada día, con leyes en contra de los designios de Dios, con agendas infernales que bofetean el plan establecido en el huerto del Edén para la familia, con mentalidades humanistas que trabajan arduamente para apagar la voz del Espíritu Santo en muchos cristianos. Es tiempo de definir lo que somos y hacia dónde vamos, y mostrarle al mundo que estamos firmes en un mundo a la deriva. Manténgase radical.

4.- TENEMOS ENEMIGOS

"5 Y vio Amán que Mardoqueo ni se arrodillaba ni se humillaba delante de él; y se llenó de ira. 6 Pero tuvo en poco poner mano en Mardoqueo solamente, pues ya le habían declarado cuál era el pueblo de Mardoqueo; y procuró Amán destruir a todos los judíos que había en el reino de Asuero, al pueblo de Mardoqueo. 7 En el mes primero, que es el mes de Nisán, en el año duodécimo del rey Asuero, fue echada Pur, esto es, la suerte, delante de Amán, suerte para cada día y cada mes del año; y salió el mes duodécimo, que es el mes de Adar. 8 Y dijo Amán al rey Asuero: Hay un pueblo esparcido y distribuido entre los pueblos en todas las provincias de tu reino, y sus leyes son diferentes de las de todo pueblo, y no guardan las leyes del rey, y al rey nada le beneficia el dejarlos vivir. 9 Si place al rey, decrete que sean destruidos; y yo pesaré diez mil talentos de plata a los que manejan la hacienda, para que sean traídos a los tesoros del rey. 10 Entonces el rey quitó el anillo de su mano, y lo dio a Amán hijo de Hamedata agagueo, enemigo de los judíos,..." Ester 3:5-10 (RVR 1960)

El segundo abordo en el reinado, la mano derecha de Asuero, se había constituido en enemigo número uno del pueblo Judío, solo los que se postrasen ante él tal vez podían salvar su cabeza. Pero Mardoqueo solo sabía ante quien debía de postrarse, solo lo haría ante el Dios soberano en quien creía; por lo que firme y radicalmente se negó a doblar sus rodillas ante este engendro del mal.

El orgullo de Amán encendió la ira en su corazón, llevando a cabo el plan de destruir a todos los Judíos. De esta forma el visir del rey entra en la presencia de su máxima autoridad e introdujo su veneno en la mente del monarca, dejándole como referencia que era un pueblo con leyes diferentes a las del imperio Persa, y estos varones esparcidos en todas las provincias no le dejaban ningún beneficio al imperio, solicitándole así un decreto para que fuesen destruidos.

Los enemigos siempre asechan a nuestro alrededor, nadie se escapa de ellos, y aunque huyamos, siempre harán planes para dañarnos. Nunca debemos desestimar a nuestros enemigos y a los enemigos del evangelio; los enemigos de Dios; ellos trabajarán arduamente para destruirnos y derribar los fundamentos de la Santa Palabra, la Biblia.

No pases por alto la naturaleza diabólica, el Apostol Pedro es determinante haciéndonos la advertencia diciendo: "[8] Sed sobrios, y velad; porque vuestro adversario el diablo, como león rugiente, anda alrededor buscando a quien devorar; [9] al cual resistid firmes en la fe, sabiendo que los mismos padecimientos se van cumpliendo en vuestros hermanos en todo el mundo.[10] Mas el Dios de toda gracia, que nos llamó a su gloria eterna en Jesucristo, después que hayáis padecido un poco de tiempo, él mismo os perfeccione, afirme, fortalezca y establezca" 1 Pedro 5:8-10 (RVR 1960). Quien enseñe que no tenemos enemigos, que no padeceríamos, que no tenemos que librar batallas, sea considerado un mentiroso que no adapta su mensaje a la Biblia, Pedro es claro y nos alerta recordándonos que nuestro enemigo principal ruge como león tratando de devorar nuestras carnes, la esperanza, la fe, nuestros principios, por lo cual tenemos una gran responsabilidad de resistirlo siempre dentro del derecho legal que nos da la Palabra de de Dios. Con el proceso seremos perfeccionados, afirmados, fortalecidos y establecidos como árboles plantados junto a corrientes de agua como dice el salmo 1.

Todos tenemos enemigos, así que inclúyase usted también. Tarde o tempranos nuestros adversarios pedirán nuestras cabezas; ellos verán nuestra radicalidad y se encenderán en ira contra nosotros, así que prepárese, porque comienza la batalla. El edicto ha sido sellado con el anillo del rey Asuero y el pueblo de Dios ha sido sentenciado a morir.

5.- ENFRENTAREMOS TIEMPOS DIFICILES

"Luego que supo Mardoqueo todo lo que se había hecho, rasgó sus vestidos, se vistió de cilicio y de ceniza, y se fue por la ciudad clamando con grande y amargo clamor. ²Y vino hasta delante de la puerta del rey; pues no era lícito pasar adentro de la puerta del rey con vestido de cilicio. ³Y en cada provincia y lugar donde el mandamiento del rey y su decreto llegaba, tenían los judíos gran luto, ayuno, lloro y lamentación; cilicio y ceniza era la cama de muchos. ⁴Y vinieron las doncellas de Ester, y sus eunucos, y se lo dijeron. Entonces la reina tuvo gran dolor, y envió vestidos para hacer vestir a Mardoqueo, y hacerle quitar el cilicio; mas él no los aceptó". Ester 4:1-4 (RVR 1960)

¿Recuerdan el banquete dedicado a la coronación de la reina?. De la celebración al lamento, de la alegría al llanto, de la esperanza a la desolación; porque no siempre las cosas son como parecen. El panorama para los judíos fue trastornado cuando el enemigo hizo presencia y el mismo Mardoqueo fue abrumado por el edicto del rey.

Si recordamos los judíos en la antigüedad utilizaban cilicio el cual era un accesorio hecho con tela de saco y la ceniza, que provocaría deliberadamente dolor o incomodidad a quien lo vestía. Representaba una señal de duelo, luto, perdida, angustia, separación, abstinencia de alimentos y humillación; siendo el reflejo del dolor que había en el corazón. Estaban destrozados emocionalmente; su único recurso era postrarse en tierra solicitando misericordia desgarrando sus corazones, porque habían quedado atrapados en las garras del enemigo Amán. Dice el pasaje que esa era la cama de muchos Judíos. La derrota era la carta que el enemigo les había entregado con el edicto del rey y en poco tiempo serian exterminados en toda la región.

En capítulos anteriores dejamos impregnadas las páginas de las temporadas de dificultad, abatimiento, desilusión y desaliento. Repasamos la historia del rey David cuando se vio enfrentado a una de las tantas crisis, al recibir la sentencia de la muerte de su hijo con Betzabé, que lo llevó a quedar postrado en tierra por varios días. Enfrentar momentos difíciles es una de las verdades de la vida real.

6.- DIOS ES JUSTO

"Aquella misma noche se le fue el sueño al rey, y dijo que le trajesen el libro de las memorias y crónicas, y que las leyeran en su presencia.[2] Entonces hallaron escrito que Mardoqueo había denunciado el complot de Bigtán y de Teres, dos eunucos del rey, de la guardia de la puerta, que habían procurado poner mano en el rey Asuero.[3] Y dijo el rey: ¿Qué honra o qué distinción se hizo a Mardoqueo por esto? Y respondieron los servidores del rey, sus oficiales: Nada se ha hecho con él". Ester 6:1-3 (RVR 1960)

Seguramente ustedes recuerdan la semilla que Mardoqueo sembró al descubrir la insurrección contra Asuero; pues la misma ya comienza a germinar, y favor divino empieza a establecerse sobre su pueblo. Dios está actuando aunque su nombre no sea mencionado, él se hace presente para hacer justicia en medio de tantas injustas.

Las tardes grises se tornaron en un cielo azul, y al anochecer el sueño del rey es trastornado por quien tiene el poder sobre las vidas, aun sobre el destino del rey Asuero. Se le fue el sueño al poderoso monarca; y precisamente no pidió el cuento de caperucita roja o cualquier otro cuento de niños para que los servidores se lo leyeran y nuevamente volver a conciliar el sueño para poder dormirse en paz, el rey solicitó nada más y nada menos que las crónicas que revelaban la buena semilla de Mardoqueo quien le salvara la vida de manos de los sublevados.

Dios quien no es mencionado en esta historia, se convierte en el director y redactor del libreto real, y moviendo nuevamente cada pieza, prepara la recompensa de los que no se postraron. ¿Qué honra o qué distinción se hizo a Mardoqueo por esto?; hasta ese momento en que el rey se desveló solo hubo sangre, sudor y lagrimas, Mardoqueo como su pueblo estaban derrotados esperando la muerte. Era la última noche para el Judío; a la mañana siguiente sería llevado a la horca, pero: "Como los repartimientos de las aguas, Así está el corazón del rey en la mano de Jehová; A todo lo que quiere lo inclina". Proverbios 21:1. Si a Dios le place pone al monarca a dormir, si quiere le quita el sueño, hace como quiere, con quien quiere, cuando quiere; y trastorna los planes de los adversarios a su gusto. El rey de Persia se convirtió en el títere del Rey de reyes y Señor de señores, su soberanía es sin igual, y recuerde: No siempre las cosas son lo que parecen.

7.- LA ULTIMA PALABRA LA TIENE EL REY

"[6] Entró, pues, Amán, y el rey le dijo: ¿Qué se hará al hombre cuya honra desea el rey? Y dijo Amán en su corazón: ¿A quién deseará el rey honrar más que a mí? [7] Y respondió Amán al rey: Para el varón cuya honra desea el rey, [8] traigan el vestido real de que el rey se viste, y el caballo en que el rey cabalga, y la corona real que está puesta en su cabeza; [9] y den el vestido y el caballo en mano de alguno de los príncipes más nobles del rey, y vistan a aquel varón cuya honra desea el rey, y llévenlo en el caballo por la plaza de la ciudad, y pregonen delante de él: Así se hará al varón cuya honra desea el rey. [10] Entonces el rey dijo a Amán: Date prisa, toma el vestido y el caballo, como tú has dicho, y hazlo así con el judío Mardoqueo, que se sienta a la puerta real; no omitas nada de todo lo que has dicho. [11] Y Amán tomó el vestido y el caballo, y vistió a Mardoqueo, y lo condujo a caballo por la plaza de la ciudad, e hizo pregonar delante de él: Así se hará al varón cuya honra desea el rey". Ester 6: 6-10 (RVR1960)

Cuando nuestros enemigos piensan que han ganado se sienten seguros. Amán se lo creyó: ¿A quién deseará el rey honrar más que a mí?; permítame reírme por favor. Ellos no saben contra quien pelean, no comprenden quien va delante de nosotros librándonos cuando le entregamos nuestras batallas. Es el Rey de reyes quien sella sus decretos divinos a favor de los justos y hace pública la recompensa: "Exhibirá tu justicia como la luz, Y tu derecho como el mediodía". Salmos 37:6 (RVR 1960). Lo experimentó David, Daniel, Mardoqueo, los héroes de la fe, los Apóstoles; son incontables las historias bíblicas que dejan evidencia de la retribución y justicia divina; de la misma forma nosotros también somos testigos de su poder.

Dios no se queda con nada, tarde o temprano recibiremos lo que nos pertenece, seremos recompensados. Cuando se propone ponernos en alto, no hay diablo que lo detenga; nos pone en alto. Al cautivo traído de Jerusalén, despreciado por Amán y a quien le habían preparado la horca, le honro su fidelidad.

Mardoqueo no es honrado por el rey Asuero, este Judío ha sido honrado por el Rey de reyes y Señor de Señores; simplemente el Dios del universo usa al rey de Persia como su títere para darle a su hijo la recompensa; Mardoqueo sabia quien era y conocía a quien le servía, así que el no postrarse ante la arrogancia de Amán se ganaba el desprecio del segundo a bordo en el reinado, pero también se ganaba la retribución de aquel a quien había honrado. Dios siempre trabajará en medio de nuestras noches frías para darnos retribución cuando pensamos que todo está perdido.

Nuestra fidelidad es recompensada por nuestro Rey, él desea ponernos en alto. Asuero dijo: vístanlo, denle vestido real, corona real, paséenlo por la plaza real a caballo, sin importarle que era un judío traído de Jerusalén cautivo. Simplemente al Señor no le importa nuestra condición; cuando le place ponernos en alto, lo hace: "Así se hará con el varón cuya honra desea el rey".

Grandeza de Mardoqueo

"[3] El judío Mardoqueo ocupaba el primer lugar después del rey; fue un gran personaje entre los judíos, amado por todos sus compatriotas, porque buscó el bien de su pueblo y luchó por el bienestar de su raza". Ester 10:3 (DHH)

No siempre las cosas son como parecen

CAPÍTULO SIETE

Una Almohada Llamada Preocupación

"³Así que, no os afanéis por el día de mañana, porque
el día de mañana traerá su afán. Basta a cada día
su propio mal". Mateo 6:34 (RVR 1960)

¿Está tu mente llena de preocupación? ó ¿Pasas noches
frías por sentir intranquilidad y desasosiego?.

$\mathcal{E}$n este capítulo revisaremos lo que la preocupación, este perturbador invasor de la paz se propone hacer en nuestras vidas, ocasionando noches frías que nos roban el sueño, dejando inquietud en los corazones que le dan entrada, convirtiéndose en el acompañante en muchas camas.

En estas líneas me propongo ponerlo al descubierto para que puedas dar pasos de plenitud y puedas disfrutar de la salida del sol que disipa la oscuridad de la noche, dejando calor y aliento a tu vida.

Definitivamente en nuestras vidas siempre encontraremos enemigos a nuestro alrededor que asechan queriendo invadir nuestra estabilidad emocional y espiritual. Invasores como el temor, la depresión, los sentimientos de culpa, el rechazo, el resentimiento, la amargura así como la preocupación, se convierten en agentes promotores de aflicción con un plan centrado en robar la paz y el gozo que debemos disfrutar.

El causante de horas de desasosiego que llega con la puesta del sol es ese enemigo que se acerca en muchas ocasiones para habitar en nuestros pensamientos sin tocar la puerta; su propósito es que logremos ocuparnos de visualizar mentalmente acontecimientos negativos antes de que estos sucedan.

Cuando observamos la expresión completa, la misma está compuesta de dos palabras: pre y ocupación, que no es otra cosa que ocuparnos, tomar atención, crear con antelación un panorama en los pensamientos de un suceso dañino, maligno, destructivo, desventajoso o desfavorable; lo que nos deja como un real enfoque es que la preocupación no es un mensajero de buenas noticias para nuestros corazones, siempre su fin es dejar una estela de angustia y zozobra creyendo que los futuros acontecimientos pudiesen llegar a ser hasta catastróficos.

Este angustiador emisario, asaltante de la paz y el gozo puede lograr penetrar nuestra intimidad simplemente a través de una conversación, un acontecimiento, una noticia o una acción donde podemos estar directa o indirectamente involucrados o relacionados con personas cercanas como familiares y amigos. Es tan atrevida y asaltante que puede llevar a una persona a transitar en un proceso de ansiedad, angustia, desesperación y miedo, solo con penetrar la imaginación, dejando una sensación de realidad en un suceso que no se ha consumado y en muchos casos no se llega a efectuar.

Es posible que alguno de mis lectores ha tenido la experiencia de ir a una cita médica donde le refieren una serie de exámenes para descartar una enfermedad, y que al recibir la orden del doctor es impactado activando los pensamientos negativos que inician un proceso enviando la señal de que algo malo sucede, recreando la posibilidad de su muerte; lo cierto es que el médico nunca le refirió que iba a partir de esta tierra, ni le habló de la realidad de una enfermedad, simplemente le refirió una serie de exploraciones físicas de rutina como descarte de un padecimiento incurable. Los cierto es que este cuadro se convierte en un generador explosivo que invade la estabilidad, con aseveraciones interiores perjudiciales conduciendo en ocasiones a la desolación, la depresión y desesperanza. Recuerde que el médico nunca le dijo que iba a morir, no hay un resultado final que le de veracidad a la solicitud del doctor, más sin embargo ha llegado un visitante llamado preocupación para robar la alegría, producir insomnio, quitar el apetito, solo porque se quiere descartar una enfermedad. A cuantas personas les llega la noticia de la reducción de empleos en la empresa donde trabaja iniciándose un recorrido de angustia y zozobra hasta que descubre y se asegura que no será despedido de su cargo. Les aseguro que así como le ha pasado a muchos ustedes igualmente me ha pasado a mí. Creo que a todos en algún momento de nuestras vidas nos hemos sentido vulnerados y asaltados por este enemigo y de quien alguien refirió: "Es un mal común de nuestra sociedad", que desencadena miedo, pánico y terror, por los cuadros mentales irreales creados para atormentar.

Es normal escuchar a muchas personas decir: "Anoche no pude dormir", "He pasado muchas noches en angustia", "Cualquier cosa que como me cae mal"; no es otra que entrar en la acción de ocuparnos en pensar en los acontecimientos negativos de un suceso antes de que estos se hagan realidad; manifestándose de diferentes formas y en diferentes grados, lo que en ocasiones a las personas afectadas les es difícil de identificar; al punto de ocasionar la perdida de la estabilidad emocional frecuente, debilitando la fe y alterando la salud física. No es otra cosa que la inquietud e incertidumbre por el futuro, por lo que sucederá mañana, adelantarnos a concluir un final por sucesos imaginarios o reales en nuestras mentes. Es normal que todos experimentemos cierto grado de preocupación, lo que no debe ser normal es que llegue a convertirse en una enfermedad emocional trayendo consigo prolongadas temporadas de angustia, desvelo y temor.

Encontraremos en el recorrido por la vida una gran cantidad de eventos que ocasionan preocupación, pero los más influyentes para alterar el orden interior de una persona y ocasionar terremotos emocionales se encuentran:

1. Pensar en la muerte de un hijo
2. Pensar en la muerte del conyugue
3. Pensar que recibirá un diagnóstico médico negativo
4. Pensar en perder toda su economía
5. Pensar que le podrían pedir el divorcio

No podemos negar que cualquiera de ellos podría robarle la tranquilidad a cualquiera, pero recuerde esto es solo lo que se está anidando en el sistema de pensamiento sin haberse realmente consumado. Es un adelanto ficticio de un acontecimiento imaginario que produce la mente para crear inestabilidad emocional. Tuve la oportunidad de ver un cartel que decía: "La persona que se preocupaba ayer por el mañana, ya hoy no está aquí ", me llamó mucho la atención, y creo que es algo para pensar. Nuestro Señor y Salvador Jesucristo dijo: "³Así que, no os afanéis por el día de mañana, porque el día de mañana traerá su afán. Basta a cada día su propio mal". Mateo 6:34, son palabras sencillas que no necesitan un doctorado para comprenderlas y ponerlas en práctica; esta es la forma en que deben de caminar los que somos hijos de Dios, en la confianza de que el Señor guía, guarda y tiene control de nuestras vidas, familias, finanzas y todo lo que él en su voluntad nos ha regalado. Nadie debe vivir sumido en el desasosiego, la intranquilidad y ansiedad; todos tenemos el derecho legal dado por Dios a vivir en paz, quietud, reposo; El Padre celestial entregó a su único hijo a morir en la cruz no solo por salvación y vida eterna, sino que también pagó el precio por nuestra paz para que hagamos un recorrido sobre esta tierra en la confianza de que nos da protección, siempre cuida de sus hijos. Nunca será su voluntad que vivamos oprimidos por el futuro; él dice que cada día trae lo que le corresponde, entonces usted y yo necesitamos comprender que no podemos adelantarnos a vivir un día que aun no ha llegado, de lo contrario, esperando el mal día nos conducirá a pasar malas noches que nos robarán el sueño grato que el Señor nos quiere regalar.

Si somos cristianos nos tenemos que ver obligados a revisar las verdades bíblicas que son las que nos sostienen y determinan nuestros estilos de vida; estos principios y promesas espirituales establecidos en la Biblia nos motivan a confiar y combatir a este enemigo. Cuando revisamos las escrituras encontramos a Jesús aportando ayuda para enfrentar la preocupación. Si creyésemos verdaderamente en Dios y su Palabra nos evitaríamos una gran cantidad de noches frías, porque aunque ellas son reales en muchas ocasiones algunas otras son provocadas por nuestra ignorancia e incredulidad en sus promesas.

Cuando tengo la oportunidad de estar en consejería con algunas mujeres, defino en ellas el sinsabor que produce la ineficacia de las escrituras en sus vidas; no me malentienda por favor, no lo digo porque la Biblia sea ineficaz, sino porque estas damas anulan la efectividad de las promesas en sus corazones; debido a sus posiciones de desconfianza aunque estén buscando una orientación espiritual; la visión de estas mujeres en ocasiones no la entiendo y menos la tolero. Creo que las escrituras son poderosísimas para traer estabilidad en nuestro mundo interior a pesar de que el exterior se esté derrumbando ante nuestros ojos, ellas tienen la capacidad de cambiar nuestra perspectiva humana por una visión sobrenatural y el enfoque debe estar centrado en creer, tener fe, alimentar las convicciones con el conocimiento, e internalizar que si Dios lo dijo lo creo, lo afirmo en el corazón y obedezco.

Jesús se ocupa de nosotros, desea que tengamos vidas plenas, estables, saciadas y sustentadas en su verdad; le tomó interés dejarnos saber que él si tiene control de nuestro futuro, que puede asistirnos en medio de las dificultades, se interesa por nuestras necesidades, así lo dejó escrito en su palabra y está vigente para sus hijos hoy: "**25** Por lo tanto, yo les digo: No se preocupen por lo que han de comer o beber para vivir, ni por la ropa que necesitan para el cuerpo. ¿No vale la vida más que la comida y el cuerpo más que la ropa? **26** Miren las aves que vuelan por el aire: no siembran ni cosechan ni guardan la cosecha en graneros; sin embargo, el Padre de ustedes que está en el cielo les da de comer. ¡Y ustedes valen más que las aves! **27** En todo caso, por mucho que uno se preocupe, ¿cómo podrá prolongar su vida ni siquiera una hora? **28** »¿Y por qué se preocupan ustedes por la ropa? Fíjense cómo crecen los lirios del campo: no trabajan ni hilan. **29** Sin embargo, les digo que ni siquiera el rey Salomón, con todo su lujo, se vestía como uno de ellos. **30** Pues si Dios viste así a la hierba, que hoy está en el campo y mañana se quema en el horno, ¡con mayor razón los vestirá a ustedes, gente falta de fe! **31** Así que no se preocupen, preguntándose: "¿Qué vamos a comer?" o "¿Qué vamos a beber?" o "¿Con qué vamos a vestirnos?" **32** Todas estas cosas son las que preocupan a los paganos, pero ustedes tienen un Padre celestial que ya sabe que las necesitan. **33** Por lo tanto, pongan toda su atención en el reino de los cielos y en hacer lo que es justo ante

Dios, y recibirán también todas estas cosas. [34] No se preocupen por el día de mañana, porque mañana habrá tiempo para preocuparse. Cada día tiene bastante con sus propios problemas" Mateo 6:25-34 (DHH); en mi país dicen que "más claro no canta un gallo" y nuestro Dios quiere decírnoslo de la forma más sencilla para que entendamos que él nos cuida, que debemos confiar, necesitamos creer que debemos descasar en sus promesas.

Si usted y yo estamos bajo las promesas de nuestro Rey, entonces la incredulidad debemos erradicarla de nuestros corazones y comencemos a dar pasos de fe que alimenten la esperanza, la fe y seguridad de que él mantiene aun el timón de nuestras vidas y nada sucederá sin que él lo permita, descansa en sus promesas que son diarias y eternas, son en él sí y en él amén. Te aseguro que al depositar la confianza en lo prometido tendrás la oportunidad de vivir en plenitud; cuando confías descasarás en lo que hará, como creyó el salmista: "El que habita al abrigo del Altísimo, Morará bajo la sombra del Omnipotente. [2] Diré yo á Jehová: Esperanza mía, y castillo mío; Mi Dios, en él confiaré. [3] Y él te librará del lazo del cazador: De la peste destruidora. [4] Con sus plumas te cubrirá, Y debajo de sus alas estarás seguro: Escudo y adarga es su verdad. [5] No tendrás temor de espanto nocturno, Ni de saeta que vuele de día; [6] Ni de pestilencia que ande en oscuridad, Ni de mortandad que en medio del día destruya" Salmos 91:1-6.

También el Apóstol Pablo a quien le dediqué un capítulo por su gran ejemplo de sobreponerse a la adversidad y manifestar gozo sobrenatural en medio de su prisión; refiere unos versos del mismo libro que use para mi exposición diciendo: "[6] No se preocupen por nada. Más bien, oren y pídanle a Dios todo lo que necesiten, y sean agradecidos. [7] Así Dios les dará su paz, esa paz que la gente de este mundo no alcanza a comprender, pero que protege el corazón y el entendimiento de los que ya son de Cristo. "Filipenses 4:6-7 (TLA); no sé si para mis lectores estas palabras son significativas, pero para mí lo son, ellas se enfocan en la misma línea de Jesús en los versos de Mateo: "no se preocupen", "no se afanen", "no se angustien", "ustedes no son como la gente del mundo", "pueden pedir a Dios", "Dios les dará paz". Las promesas son innumerables, la Biblia no es un libro de palabras muertas, en sus escritos hay poder, poder, poder; solo usted y yo somos responsables de desecharlas o atesorarlas para vivir miserables o caminar en sobreabundancia de paz.

En mis últimas líneas quiero dejarle a mis lectores algunas herramientas que les ayude a enfrentar este enemigo implacable que produce desordenes emocionales, espirituales y físicos. Es tiempo de atacar con todos los recursos espirituales que nos son entregados para librar las más cruentas batallas de preocupación:

1. Tenemos un campo de batalla denominado "Mente", que representa el conjunto de capacidades cognitivas que engloban procesos como la percepción, el pensamiento, la conciencia, la memoria y la imaginación. Es exactamente allí en la mente el lugar donde peleamos contra el enemigo preocupación y nuestro enemigo Satanás de quien dice la Biblia es mentiroso y padre de toda mentira; este último utiliza sus artimañas a través de la preocupación para inyectar la mente de imaginación.

Es imperante entender para ser libres que así como Dios hace un trabajo en cumplir sus promesas de cuidado, nosotros somos responsables de librar batallas espirituales contrarrestando las mentiras almacenadas en la mente, y el Apóstol Pablo nos hace la referencia de que tenemos armas y que podemos atacar para vencer, el dice: "4 porque las armas de nuestra milicia no son carnales, sino poderosas en Dios para la destrucción de fortalezas, 5 derribando argumentos y toda altivez que se levanta contra el conocimiento de Dios, y llevando cautivo todo pensamiento a la obediencia a Cristo,..." 2da. Corintios 10:4-5 (RVR 1960), El Señor nos equipa con sus palabras para atacar el sistema de pensamientos que se alojan en la mente, recordándonos que las armas con las que peleamos no son físicas; así que usted no podrá darle un tiro a su preocupación, ni acuchillará su desasosiego, pero si serán efectivas en su lucha las armas espirituales que la Biblia nos ha entregado, como la oración, la adoración, el ayuno, el conocimiento de las escrituras; ellas si son poderosas, y todo con el propósito según estos versos de "destruir fortalezas", "derribar argumentos y toda altivez"; todos estos se alojan en la mente para traer caos, inseguridad, angustia, confusión, preocupación, temor, todo ellos levantándose contra el conocimiento de Dios. Pero lo poderoso es que en Jesús y su palabra los podemos derrotar y tenemos la capacidad de que nuestros pensamientos sean llevados cautivos a la obediencia a Cristo.

La pregunta para usted: ¿Donde quiere usted que estén sus pensamientos?, ¿a quién a usted le gustaría obedecer: a los pensamientos de preocupación que Satanás utiliza para atormentarlo o que estén en obediencia a Cristo?. Quiero recordarte que la decisión es personal, decidimos reformatear el sistema de pensamientos o mantenemos la mente intoxicada con pensamientos contrarios a la palabra de Dios; alguien dijo: "somos lo que pensamos". Tú decides.

2. Aprende a pensar en cosas positivas. Pablo nos sigue dando instrucciones inspirado por el Espíritu Santo diciendo: "⁸ Por lo demás, hermanos, todo lo que es verdadero, todo lo honesto, todo lo justo, todo lo puro, todo lo amable, todo lo que es de buen nombre; si hay virtud alguna, si algo digno de alabanza, en esto pensad. ⁹ Lo que aprendisteis y recibisteis y oísteis y visteis en mí, esto haced; y el Dios de paz estará con vosotros". Filipenses 4:8-9

3. Utiliza el recurso de la paz. Que ella se convierta en un antídoto contra la preocupación; así como el perdón es un recurso divino contra la amargura y el resentimiento, de la misma forma lo es la paz para el desasosiego. Toma la promesa que dice: "³ Tú guardarás en completa paz a aquel cuyo pensamiento en ti persevera; porque en ti ha confiado. ⁴ Confiad en Jehová perpetuamente, porque en Jehová el Señor está la fortaleza de los siglos". Isaías 26:3-4 ó la del Apóstol Pablo que dice: "⁷ Y la paz de Dios, que sobrepasa todo entendimiento, guardará vuestros corazones y vuestros pensamientos en Cristo Jesús" Filipenses 4:7.

4. Actúa en medio de tus noches frías por causa de la preocupación, desafía el ataque con adoración a Dios, saturando la atmosfera y tus pensamientos con canticos espirituales que exalten al Señor, acércate a Dios en agradecimiento y no en

preocupación, creyendo y agradeciendo por lo bueno que ha sido, manteniendo el clamor con fe por sabiduría, dirección y discernimiento y así contrarrestar el ataque.

5. Mantén una disciplina de estudio Bíblico personal, y cuando llegue el momento del ataque, utiliza las promesas de la Biblia que te lleven entender que tu confianza esta en el Señor.

6. Cuando el enemigo llegue a tu mente, tómale ventaja y hazte algunas preguntas: ¿Cual es el problema?, ¿Que puedes dentro de tu capacidad hacer?, ¿Cual fue el móvil de entrada: una conversación, una noticia, algo que vistes? y desarticula la intención, sabiendo que no hay nada que salga del control de Dios.

7. Aprende a vivir un día a la vez y deslígate mentalmente de querer estar en un día que aun no ha llegado, cuando no has terminado de completar el que estás viviendo, el hoy.

8. Decide obedecer siempre a Dios y no le permitas a tu enemigo Satanás que a través del pecado el pueda tener acceso a tu mente.

La preocupación nos regala noches frías pero la fe en Dios nos cobija para calentarnos, ayudándonos a descansar.

CAPÍTULO OCHO

Extendiéndonos a lo que está adelante

"⁷como me es justo sentir esto de todos vosotros, por cuanto os tengo en el corazón; y en mis prisiones, y en la defensa y confirmación del evangelio, todos vosotros sois participantes conmigo de la gracia" Filipenses 1:7

*E*n este capítulo encontraremos al Apóstol Pablo en una de las tantas noches frías que él experimentó. Son muchas las adversidades y sufrimientos que este varón de Dios vivió, pero a pesar de ello siempre aferrado a su fe saltó los obstáculos más difíciles, afirmando siempre que su confianza estaba puesta en su redentor. Su ejemplo de fe y convicciones firmes nos motivan a seguir adelante a pesar de las circunstancias adversas que rodean nuestras noches frías.

En la carta que el Apóstol le escribe a los cristianos radicados en Filipo, encontramos principios enriquecedores que como lectores podemos extraer de sus líneas desde la cárcel en Roma, aplicándolos a nuestra vida espiritual en las temporadas más heladas de nuestros inviernos, ayudándonos a superar los momentos difíciles.

Los discursos y predicaciones en la actualidad están pavimentando un terreno movedizo para los cristianos de hoy, llevándolos a una mentalidad de completa satisfacción, donde el centro son los oyentes y no Dios; sustentada solo en logros, títulos, cargos, posiciones y posesiones materiales; sin estimular a los creyentes a obtener la conquista del mundo interior controlado por el poder del Señor, para que al momento de llegar las pruebas estén perfectamente conectados a la fuente que les sustenta en tiempos de tempestad.

Es la mala enseñanza la que ha direccionado el buen discurso bíblico a lo fácil, temporal, sin búsqueda de comunión, ni aun conocimientos escritural de la Santa Biblia; lo que lleva a muchos creyentes a ver el evangelio como un fraude; porque al llegar las temporadas heladas no encuentran la verdadera frazada que habrá de darles calor, sino que sus miradas han sido puestas en lo pasajero y efímero como lo vimos en el capítulo de la desilusión, donde aprendimos del discurso del rey Salomón en el libro de Eclesiastés; cuando Dios quiere llevarnos a todos los que hemos creído en él más allá de lo tangible para posesionarnos en una estabilidad espiritual y emocional saludable, conduciéndonos a una firme vida de fe: "Puesto los ojos en Jesús".

Encontraremos a muchas personas con todas estas posesiones, más cuando son confrontadas a la luz de las escrituras demuestran tal deficiencia en su vida emocional desordenada y poca calidad en sus convicciones espirituales que puedan sostenerlas en temporadas de adversidad y se mantengan "...Como viendo al invisible". Pablo cuando escribe esta carta, así como quiere llevar a los filipenses a un nivel de conquista espiritual, nos quiere reafirmar con su escrito que las circunstancias adversas no serán un impedimento para llegar a la meta eterna que Dios tiene trazada para sus hijos; haciéndonos responsables personales de la decisión que tomamos en el estilo de vida que deseamos desarrollar, podemos dar el paso de ser verdaderamente libres en Cristo Jesús y vivir en la plenitud que él ofrece o caminar en miseria espiritual, siempre derrotados, sin firmeza espiritual.

El Apóstol se encuentra privado de su libertad en Roma por causa de predicar el evangelio pero el Espíritu Santo en su condición lo guía a escribir esta epístola a la cual muchos historiadores le llaman la carta del gozo. Temporada en la que a pesar de estar preso, sus más profundas expresiones para los filipenses están caracterizadas por el gozo que sentía al escribirles, motivándolos a mantener ese Fruto del Espíritu. La firmeza de este varón de

Dios nos demuestra que se puede estar preso físicamente más sin embargo ser libre emocional y espiritualmente; lo deja tan evidente en las líneas de la epístola que él expresa en diversas oportunidades su gozo:

"siempre en todas mis oraciones rogando con gozo por todos vosotros..." Filipenses 1:4 (RVR 1960)

"¿Qué, pues? Que no obstante, de todas maneras, o por pretexto o por verdad, Cristo es anunciado; y en esto me gozo, y me gozaré aún,..." Filipenses 1:18 (RVR 1960)

"Y confiado en esto, sé que quedaré, que aún permaneceré con todos vosotros, para vuestro provecho y gozo de la fe,..." Filipenses 1:25 (RVR 19600

"2completad mi gozo, sintiendo lo mismo, teniendo el mismo amor, unánimes, sintiendo una misma cosa" Filipenses 2:2 (RVR 1960)

"Y aunque sea derramado en libación sobre el sacrificio y servicio de vuestra fe, me gozo y regocijo con todos vosotros" Filipenses 2:17 (RVR 1960)

"Recibidle, pues, en el Señor, con todo gozo, y tened en estima a los que son como él;..." Filipenses 2:29 (RVR 1960)

"Así que, hermanos míos amados y deseados, gozo y corona mía, estad así firmes en el Señor, amados". Filipenses 4:1 (RVR 1960)

Se imagina usted a alguien que privado de uno de los regalos más preciados que nos da estar en esta tierra como lo es la libertad, mantenga expresiones de gozo en medio de un proceso de juicio, sin poder movilizarse, con grandes limitaciones, con todo en contra, donde solo Dios es su refugio y confianza; eso yo personalmente lo llamo fuerza sobrenatural en medio de la adversidad. Es la fortaleza del Espíritu Santo que no te priva de ser libre a pesar de las fuertes experiencias en las noches desoladas y frías que pudieses atravesar. Así que se puede ser libre estando privado de libertad fisica o se puede estar cautivo aun teniendo libertad física.

Es enriquecedora la historia del Apóstol Pablo, estaba centrado, su puntería siempre era: "al blanco, al premio de la soberana vocación de Dios en Cristo Jesús". Sus convicciones eran tan firmes que las difíciles temporadas por las que pasó no lo desenfocaron de quien era su refugio, su fortaleza, su gozo; porque su esperanza no estaba dirigida a lo terrenal, pasajero y material, sino que su fundamento lo había construido en tierra firme, con creencias solidas, profundas; solidificándolo como una pieza inconmovible en cualquier temporada; especialmente como esta, una de las tantas por las que atravesó y que no le robó el gozo de su salvación. Solo un hombre del calibre del Apóstol podía hablar de gozo en medio de la adversidad, que con su carta nos quiere enseñar que nosotros también podemos superar obstáculos y dificultades manteniendo una actitud de confianza con la asistencia de nuestro ayudador el Espíritu Santo.

Lo que sí es real y quiero dejárselo a mis lectores en estas líneas, es la importancia de fijar la mirada correctamente, para tomar la posición correcta cuando las noches frías nos acompañen; es por esto que creo firmemente que tenemos como ministros del evangelio que sacar a los creyentes de lo terrenal, de la comodidad para llevarlos a niveles espirituales superiores, donde sean cimentados en las verdades bíblicas que les fortalezcan y renueven en días friolentos.

Estamos en tiempos finales y hemos comenzado a experimentar brisas heladas que se irán intensificando hasta la venida de nuestros Señor Jesucristo; son los días malos de los que la Biblia habla, que debemos estar preparados para enfrentarlos. La expresión de gozo del Apóstol no era una simple expresión, sino la experiencia de un hombre de comunión, convicción de fe, arraigado y cimentado en obediencia a su Señor.

Es un fraude el evangelio para muchos, porque cuando llegan las temporadas de invierno a sus vidas se sienten desolados, sin esperanza, ya que se les enseño a poner su confianza en lo pasajero y no en lo eterno; sus maestros los colocaron en fundamentos movedizos, sin profundidad ni entrega. Pablo nos quiere dejar una gran enseñanza para enfrentar esos momentos que ninguno de nosotros queremos darle la cara, nos quiere instruir recordándonos que el gozo que el experimentó preso es uno de los frutos del Espíritu Santo, que se consigue solo en un pleno conocimiento de la Palabra y en profunda intimidad con Dios.

Su gozo era un reflejo de lo sobrenatural en su vida; humanamente este hombre no hubiese podido soportar todos los embates que sufrió por causa de la predicación del evangelio. La prisión no le impidió al Apóstol moverse en niveles de libertad emocional manifestando amor, gozo, paz, mansedumbre, templanza; y su sentencia no lo llevó a abortar la visión de su llamado y asignación. Pablo sabia quien era, de donde venia y hacia donde iba; estaba claro de su identidad en Cristo Jesús, y sus circunstancias no anularon su propósito.

Hoy cuando vivimos en un sistema anti Dios, donde opera la confusión, la inestabilidad, con una atmosfera saturada de voces extrañas alrededor, donde la tarea es silenciar la voz del Espíritu Santo en los corazones, sistema en el que también encontramos a gran cantidad de personas que no solo se alimentan de dichas voces que surgen del exterior sino que le añaden los ruidos de su interior de donde brotan tantas heridas, marcados por sus pasados sombríos, sellados por sus fracasos, que alimentan la desesperanza, la amargura, la tristeza, culpa, resentimiento y desvalorización; todos estos enemigos externos e internos se convierten en lluvias con brisas heladas que caen en los corazones abatiéndolos por el dolor, definitivamente se necesita tomar los modelos de hombres y mujeres de la Biblia, como el del Apóstol, que son los que nos ayudan a sobrevivir a las inclemencias del tiempo.

Debemos aprender a vivir aferrados a la esperanza que nos da la santa palabra, cobijarnos en sus promesas, habitando al abrigo del altísimo. Necesitamos colocar vayas en nuestra mente y corazón, convirtiendo las promesas de Dios en un escudo de protección para poder dar pasos de conquista emocional y espiritual; arrebatándole al enemigo lo que por mucho tiempo tal vez se ha robado en tu vida: el gozo, la paz, el amor, la esperanza de vivir, la soltura de reír, el caminar genuinamente en la libertad plena que ofrece Cristo Jesús. Así que el evangelio no es un fraude, simplemente se necesitan experiencias intimas y personales con el eterno Dios que es el único que provee todos los recursos espirituales que se necesitan para estar completos en él.

Cuando escribo sobre la libertad genuina que nos ayuda a mantenernos firme en medio de las tempestades de nuestras vidas, me lleva a pensar en tantos cristianos que dicen tener experiencias con Dios, profesan tener a Jesús en su corazón y aun no han podido experimentar el fruto del Espíritu en sus corazones. Recuerdo a una mujer con la que mantenía conversaciones periódicas a larga distancia debido al nexo que nos unía como familia; esta dama en nuestras platicas generalmente manifestaba una dualidad con sus palabras; ella tenía expresiones muy elocuentes acerca de su conocimiento de Jesús, su asistencia regularmente a la iglesia, me refería lo bueno que era Dios en su vida pero luego su discurso era cambiado con manifestaciones de amargura, resentimiento, soledad y hasta deseos de morir. Esta mujer había dedicado su vida al estudio, tener títulos universitarios, con un gran conocimiento de materias básicas, pero con poca profundidad e intimidad con el Dios a quien ella refería que conocía y de quien no sabía que él provee libertad plena.

Las noches frías de esta mujer la congelaban ante la adversidad, llenándola de queja, tristeza, desesperanza. En sus procesos oscuros ya su lenguaje no era el de fe y confianza, sino el de resentimiento y desolación porque no tenía las respuestas deseadas en el momento solicitado y la manifestación del fruto del Espíritu estaba ausente de sus acciones.

Este es un comportamiento difícil de definir, pero es el estilo que muchos creyentes modelan, son personas que viven hundidas, con vidas miserables, que hablan lindo con sus labios pero en sus corazones se esconden una gama de emociones negativas que son manifiestas en los momentos de dificultad y que apagan la voz y manifestación del Espíritu Santo en lo recóndito de su ser. He llegado a definir este estilo como un cobro de factura a Dios y al mundo porque están seguros dentro de sí que hay una deuda que alguien les tienen que pagar, y no concilian paz con Dios, con los que están a su alrededor ni paz consigo mismo; carentes de fruto y madurez espiritual.

El Apóstol Pablo demostró con su propia vida que se puede vivir una vida espiritual plena a pesar de los momentos de abatimiento, dolor, soledad y adversidad, expresando gozo a pesar de la prisión. La sentencia sobre su vida no lo detuvo, la privación de libertad no cerró su boca, más bien estimuló a otros con sus palabras y ejemplo a seguir avanzando, a no detenerse, que a pesar de las pruebas debía mantenerse la confianza de refugiarse en Dios y su palabra. Su objetivo era estar centrado en extenderse a lo que Dios tenía para él y la iglesia de Jesucristo. Si hacemos memoria los creyentes estaban siendo perseguidos, azotados y encarcelados por predicar el evangelio; su propósito era inyectar ánimo pronto pronto en el corazón de los que habían dado el paso de salvación para que ampliaran su visión más allá de las malas temporadas que presenta la vida, y que tu y yo en cualquier momento pudiésemos experimentar. El discurso se enfoca en alcanzar un paquete completo envuelto en la salvación que ofrece retribución, y que no tiene que ver con logros materiales, ni nombre, ni títulos, cargos, posiciones o posesiones, tiene que ver con la conquista de una vida espiritual profunda con manifestaciones de: "amor, gozo, paz, paciencia, benignidad, bondad, fe, mansedumbre, templanza", que es el fruto del Espíritu Santo según Gálatas 5:22-23.

Las circunstancias no cambiaban la visión de Pablo acerca de su fe en Jesucristo, el pudo declarar con tal convicción: "Pero cuantas cosas eran para mí ganancia, las he estimado como pérdida por amor de Cristo. Y ciertamente, aun estimo todas las cosas como pérdida por la excelencia del conocimiento de Cristo Jesús, mi Señor, por amor del cual lo he perdido todo, y lo tengo por basura, para ganar a Cristo, y ser hallado en él, no teniendo mi propia justicia, que es por la ley, sino la que es por la fe de Cristo, la justicia que es de Dios por la fe;" Filipenses 3:7-9 (RVR 1960). Cuántos de nosotros no desearíamos llegar al calibre de este hombre, separado para predicarle a Judíos, gentiles y reyes. Creo que es una buena temporada para que a pesar de todas las malas noticias que nos ha dejado la pandemia, podamos tomar la decisión hoy de vivir con la pasión con la que Pablo vivió para Dios, y cuando lleguen las turbulencias como le llegaron a él, estemos profundamente arraigados para poder resistir los embates de las tormentas.

Nos dirigimos al capítulo tres verso 12 guiados por la pluma del Apóstol, y con inquietud revisaremos lo que quiere referirle a la iglesia en estas líneas, ya que su plan está en descorrer la cortina para avanzar en el propósito, movilizándonos hacia la victoria.

"No que lo haya alcanzado ya, ni que ya sea perfecto; sino que prosigo, por ver si logro asir aquello para lo cual fui también asido por Cristo Jesús. Hermanos, yo mismo no pretendo haberlo ya alcanzado,..." Filipenses 3:12-13 (RVR1960). Si revisamos su trayectoria, él había obtenido muchos logros. El libro de los hechos revela que su conversión fue única y extraordinaria, no le predicó ningún evangelista, no le enviaron a un profeta para que le dijera su futuro, ni encontró a un pastor que orase por él dando el paso de fe; fue un encuentro personal extraordinario con el Salvador, quien tendría la encomienda de llevar el mensaje de salvación a Judíos, gentiles y reyes, trabajo que lo condujo a realizar diversos viajes misioneros; introduciendo el evangelio a Europa, donde muchas personas a través de su predicación fueron liberadas y salvadas.

Lo que apasiona y estimula de la vida de este hombre consagrado es que se levantó por encima de los logros obtenidos y decidió no anclarse en el conformismo de lo ya alcanzado, estimó todo por perdida por amor a Jesús. Pablo con su enfoque nos quiere ayudar a salir de la comodidad, facilidad y conveniencia que nos da el conformismo que nos lleva al estancamiento espiritual, que saca nuestras raíces del terreno firme para convertirnos en seguidores superficiales, que al venir los vientos, lluvias y tempestades somos desarraigados de los simientes escriturales. A pesar de los logros en su ministerio, estos no lo movieron de la fuente verdadera, el Señor con quien había tenido un encuentro sobrenatural; "no soy perfecto ni lo he alcanzado todo pero sigo caminando hacia lo que verdaderamente tiene valor eterno" dice Pablo.

Una victoria tras otra, logros, conquistas, triunfos, en ocasiones pueden convertirse en obstáculos en nuestras vidas que no nos permiten una visión clara y nos desenfocan del blanco que es una profunda intimidad con Jesucristo. Es por esto que los momentos de adversidad en nuestras vidas aunque no los deseamos los necesitamos para cimentar nuestras convicciones y mostrar el calibre con el cual estamos siendo edificados; y muchos momentos de desaciertos Dios los permite para procesarnos, moldear nuestro carácter, llevándonos a un nivel de madurez donde fácilmente no seremos movidos, a pesar de las sombrías temporadas que podamos atravesar.

Pablo aprendió a despojarse de las amargas experiencias que le dejó el ministerio y pudo con firmeza expresar: "pero una cosa hago"; tomo la firme decisión de sacudirse lo que creaba peso para su avance, así que no era la función que le habían designado lo que le sostenía, lo que le daba firmeza era el Dios que le encomendó la ardua tarea.

Muchas veces debemos reflexionar sobre lo que nos mueve, conocer a profundidad nuestros intereses, evaluar que nos sostiene como creyentes y poner en balanza nuestro enfoque. Hemos creído que las tantas ocupaciones, los compromisos, cargos eclesiásticos podrán calmar nuestras tormentas cuando estas toquen a nuestra puerta. A veces en mi interior, siento que lo que sostiene a muchos cristianos hoy es solo el beneficio de recibir algún favor de Dios y otros están sostenidos solamente por el cargo o asignación que tienen en su iglesia. La temporada de pandemia mundial lo demostró, nos dejó claros con el panorama desolador de cristianos que sin haber sido tocados por el virus sino simplemente con un confinamiento por distanciamiento social perdieron la brújula y no localizaron el refugio correcto para sus vidas, porque estaban fundados sobre la arena y no sobre la roca que es Cristo.

La iglesia del Señor no puede seguir siendo formada en lo superficial, es imprescindible llevarla a lo sobrenatural, con experiencias que la arraiguen como la palmera, para que al llegar los huracanes a pesar de ella doblarse jamás se habrá de quebrar. Los cristianos hoy necesitan ir a lo profundo en su vida de consagración e intimidad, ya que es en lo profundo que cada uno de los que hemos dado el paso de salvación encontraremos afirmar nuestras raíces, encontraremos los nutrientes necesarios para crecer y seremos saciados con la fuente inagotable de vida eterna. Estamos en una difícil pero excelente temporada para reflexionar y hacer una auto evaluación para fijar posición y tomar decisiones certeras que les simiente en este camino de fe.

Cuando Pablo expresa: "pero una cosa hago: olvidando ciertamente lo que queda atrás, y extendiéndome a lo que está delante,"; simplemente tomó la certera posición de olvidar los que quedaba atrás; había entendido que para extenderse a la meta tenía que hacer operación limpieza con una serie de acontecimientos negativos y positivos por los que había pasado. Si revisamos su historial encontraremos otra lista de logros obtenidos, dice la escritura: "Aunque yo tengo también de qué confiar en la carne. Si alguno piensa que tiene de qué confiar en la carne, yo más: circuncidado al octavo día, del linaje de Israel, de la tribu de Benjamín, hebreo de hebreos; en cuanto a la ley, fariseo; en cuanto a celo, perseguidor de la iglesia; en cuanto a la justicia que es en la ley, irreprensible" Filipenses 3: 4 -6 (RVR 1960). Cualquier cristiano promedio no estaría preparado para estimar por perdida sus logros, más bien hemos sido enseñados e influenciados a pensar que mientras más tenemos más somos, más posiciones más importante llegamos a creer que somos, pero en las esferas espirituales no es así, ni tienen ningún valor cuando nos vemos enfrentados a la realidad en estaciones de invierno, donde lo único que nos sostendrá es saber que tenemos un refugio seguro que nos alentará sin necesidad de preguntarnos cuál es nuestro estatus social o ministerial. El Apóstol lo sabía, era certero y estimó tales logros como perdida por la excelencia del conocimiento de Jesucristo.

Cuando revisamos sus experiencias encontraremos que se vio enfrentado a grandes adversidades. En la segunda carta que le escribe a Timoteo, le relata a este joven tutelado por Pablo algunas de las experiencias tristes y dolorosas que ha tenido que atravesar, sus líneas expresan los difíciles conflictos que debió batallar, expresándole igualmente que su carrera está a punto de terminar e instándole que soporte el dolor, la congoja y abatimiento por causa del llamado, diciéndole: "5 Pero tú sé sobrio en todo, soporta las aflicciones, haz obra de evangelista, cumple tu ministerio. 6 Porque yo ya estoy para ser sacrificado, y el tiempo de mi partida está cercano. 7 He peleado la buena batalla, he acabado la carrera, he guardado la fe. 8 Por lo demás, me está guardada la corona de justicia, la cual me dará el Señor, juez justo, en aquel día; y no sólo a mí, sino también a todos los que aman su venida. 9 Procura venir pronto a verme, 10 porque Demas me ha desamparado, amando este mundo, y se ha ido a Tesalónica. Crescente fue a Galacia, y Tito a Dalmacia. 11 Sólo Lucas está conmigo. Toma a Marcos y tráele contigo, porque me es útil para el ministerio. 12 A Tíquico lo envié a Éfeso. 13 Trae, cuando vengas, el capote que dejé en Troas en casa de Carpo, y los libros, mayormente los pergaminos. 14 Alejandro el calderero me ha causado muchos males; el Señor le pague conforme a sus hechos. 15 Guárdate tú también de él, pues en gran manera se ha opuesto a nuestras palabras. 16 En mi primera defensa ninguno estuvo a mi lado, sino que todos me desampararon; no les sea tomado en cuenta. 17 Pero el Señor estuvo a mi lado, y me dio fuerzas, para que por mí fuese cumplida la predicación, y que todos los gentiles oyesen. Así fui librado de la boca del león". 2 Timoteo 4: 5-17(RVR 1960). Eran muchas las experiencia negativas por las que había atravesado así como el estar preso al escribir la carta a los Filipenses; negaban su apostolado porque decían que no había caminado con Jesús, se enfrentó a falsos testimonios que levantaron contra él, lo rodeó la soledad, la decepción, la cárcel, el desamparo. Muchos fueron los acontecimientos dolorosos que pudieron haberlo desestabilizado, más sin embargo hasta el final se mantuvo confiado en su Salvador: "Pero el Señor estuvo a mi lado, y me dio fuerzas,...". Allí precisamente encontramos el sustento de el hombre y la mujer de Dios cuando llegan los días malos, la base es solida cuando confiamos en que el Señor en nuestras noches frías nos acompañará y dará fuerzas para resistir.

Tal vez usted como lector de estas líneas se identifica con el proceso del Apóstol, lo cierto es que son muchas las dificultades que como seres humanos tenemos que atravesar en esta vida y que nos conducen por caminos con brisas gélidas donde solo el calor divino nos puede proteger. Fue la vivencia de este hombre de Dios que tuvo que tomar la firme determinación de dejar atrás las buenas pero también las malas y desconcertantes experiencias.

Vivimos arrastrando un sin número de situaciones negativas pasadas que simplemente se convierten en ancla para que no podamos extendernos a la meta y disfrutemos de la cálida cobertura de nuestro Rey. Los momentos difíciles que hemos o estamos atravesando en nuestras vidas no deben convertirse en impedimento para extendernos a lo que está adelante, de ellos podemos tener grandes aprendizajes y los mismos quedarán en el recuerdo natural; lo que si debemos cuidar es que los mismos no se conviertan en controladores y desestabilizadores de nuestro mundo interior, manipulándolo para producir caídas emocionales donde no se consigue aliento, fuerza, esperanza y animo; debilitando la firmeza de nuestras convicciones espirituales sustentadas en las promesas de Dios.

Es tiempo de decidir olvidar lo que queda atrás, llámese conflictos, traiciones, infancia traumática, abuso sexual o sicológico, divorcio o abandono. Debes optar por el recurso de despojarte de las malas experiencias del pasado que controlan tu estado de ánimo y te llevan a tener noches de insomnio. Es como el capitán del viejo barco en el puerto, que para volver a experimentar aguas profundas en alta mar debe levantar el ancla vieja y oxidada y mover el mismo mar adentro. Cada día tenemos la oportunidad de decidir como deseamos enfrentar las malas experiencias; somos dueños de olvidar o seguir recordando, podemos reformatear el disco duro de nuestra mente o mantener en ella las malos momentos almacenados en el sistema de pensamientos. De nosotros depende, es una determinación muy personal; o vivimos estancados o avanzamos al propósito divino.

Utilizo en mis conferencias de sanidad interior el ejemplo del retrovisor, tal vez usted ha escuchado esta exposición alguna vez que se refiere al tiempo que podemos estar viendo el retrovisor cuando conducimos nuestros autos; para algunas personas quince segundos es el tiempo que podemos ver por el espejo mientras manejamos, otros afirman que diez segundos seria lo máximo; pero lo cierto es que nos toma cuestiones de segundos poder quitar la mirada del frente y observar lo que esta detrás de nuestro carro, de lo contrario si nos detenemos más de dos o tres segundos en pocas fracciones pudiésemos impactarnos y producir un accidente. Lo mismo sucede con nuestras experiencias negativas cuando decidimos mantenerlas en el recuerdo constantemente, ellas nos impactan de tal manera que producen choques emocionales en nuestros corazones que nos desestabilizan y producen caídas que nos conducen a la frustración, decepción, depresión, llevando a muchos al suicidio.

Nadie puede conducir saludablemente su vida mirando por el retrovisor de los recuerdos. Pablo tenía la revelación y lo puso en práctica: "pero una cosa hago: olvidando ciertamente lo que queda atrás, y extendiéndome a lo que está delante,"; esta opción debe ser determinante en tu vida, de lo contrario mi lector, usted será parte del universo de personas que siguen mirando atrás, con una rutina constante de choque con los acontecimientos del pasado, llevándole a sufrir traumas que desencadenan en desesperanza, amargura, tristeza, desolación, resentimiento.

La opción del escritor es la mejor: "olvidar lo que queda atrás"; así que a desintoxicar el sistema de pensamientos viciados y contaminados por las malas experiencias y decídase adaptar su mente al sistema de fe, esperanza, refugio y cuidado determinado en las sagradas escrituras; para que se cumpla el propósito; lo cual era la esperanza del Apóstol: "...y extendiéndome a lo que está delante, [14] prosigo a la meta, al premio del supremo llamamiento de Dios en Cristo Jesús". Él pudo haberse conformado con los logros o pudo haberse desanimado con las adversidades, pero sabía que había un blanco, una meta, un llamamiento.

Nunca ha sido el plan de Dios que sus hijos vivan sin rumbo, en desesperanza, en derrota permanente, deprimidos, infelices, amargados; su propósito es que podamos crecer espiritualmente, que tengamos la capacidad en su poder de sobreponernos a los malos momentos y disfrutar del cuidado que ofrece.

Pablo en sus líneas a su hijo espiritual Timoteo le deja parte de sus palabras finales declarando: "[7] He peleado la buena batalla, he acabado la carrera, he guardado la fe. [8] Por lo demás, me está guardada la corona de justicia, la cual me dará el Señor, juez justo, en aquel día; y no sólo a mí, sino también a todos los que aman su venida". 2 Timoteo 4:7-8. Estas palabras deben ser una motivación para seguir peleando y a mantenernos en la lucha constante de cuidar el preciado regalo de la salvación; hay una corona, tenemos galardón.

PALABRAS FINALES

$\mathcal{C}$uando escribo estas líneas como palabras finales, encuentro la triste noticia de fin de semana en los medios de comunicación social sobre la muerte de un niño de tan solo nueve años, quien había resultado herido en una estampida de personas donde se presenciaba un concierto en un área de Houston, Texas, EE.UU. Ezra Blount quedó en coma inducido y con un sistema de soporte vital sin poder superar el grave traumatismo cerebral, hepático y renal que le provocó el incidente y posteriormente su fallecimiento.

Este pasado cinco de Noviembre de este año 2021 una noche de fiesta y celebración en el festival Astroworld, para los jóvenes se convirtió en una noche de terror y tragedia tras producirse una avalancha entre los asistentes y que hasta hoy nadie sabe cómo se originó; solo se sabe que ya son diez las familias que han perdido a sus seres amados, entre ellas la pérdida del pequeño Ezra Blount, el más joven de los asistentes.

No puedo imaginar el dolor y la temporada desoladora que esta y cada familia tendrán que atravesar y que estoy segura dejará largas noches frías de invierno en sus corazones. Noticias desgarradoras como estas son las que nadie quiere escuchar pero que se han convertido en una realidad constante en nuestra sociedad.

Hoy esta familia se encuentra desconsolada como el resto de las otras nueve, viviendo su inimaginable perdida repentina que ahora los hunden en largas noches heladas, donde Dios y solo Dios será quien pueda traer aliento y calor por causa de la separación física, porque jamás ni las palabras ni las grandes demandas que hoy rodean la tragedia podrán aliviar el dolor y desolación dejado en sus dolientes.

Me hago preguntas en mi interior pensando lo que representaba la presencia de un niño inocente de tan solo nueve años de edad en un evento de adultos desenfrenados y desorientados, donde muchos afirman en las noticias que había droga, depravación y libertinaje. La respuesta: "El niño quería ver a su ídolo, su cantante favorito". No estoy segura de que Ezra Blount tuviese un concepto claro de lo que significaba ser un seguidor, menos aun de alguien a quien él ni siquiera le conocía, ni tal vez sabia sobre su vida privada, sus intenciones, ni su moral, todo esto para tomarlo como un norte para ser un buen ídolo a seguir.

Deseo dejar mis palabras finales como una reflexión en corazones que puedan discernir el tiempo y la sociedad en la que nos encontramos, generadora de una atmósfera de oscuridad, frialdad, terror y pérdidas humanas, donde los acontecimientos los vamos asumiendo como normales en nuestras mentes y medios noticiosos, todo esto sin importar el dolor, luto y desolación que deja a su paso por establecerse sistemas económicos que pretenden supuestamente saciar el vacío del ser humano y por este último siempre querer buscar desenfrenadamente satisfacción y felicidad donde jamás la encontrarán.

La Biblia nos enseña que el único camino para saciar nuestras búsquedas espirituales y emocionales la encontraremos solo en Jesucristo, el único líder verdadero que puede llenar y sustentar el corazón del hombre, en la felicidad y en el dolor. El Señor conoce nuestras necesidades y sabe lo que somos, así que en él y solo en él los jóvenes que buscan felicidad la encontrarán y los enlutados por sus pérdidas encontrarán refugio en sus noches frías.

La Palabra de Dios nos muestra que nuestro Señor es el verdadero líder que todos necesitamos, fiel, eterno, con amor incondicional, que nos provee cobertura mientras transitamos en la tierra y nos promete vida eterna más allá de la muerte.

Me animo a invitar a mis lectores a seguir hablando de nuestro Dios, nuestra roca, nuestro refugio, nuestra salvación; nuestra fortaleza, nuestra provisión. Seamos persistentes en hablar de Jesús, de su amor eterno y de su poder, porque solo él puede llegar donde nada ni nadie llega para traer la satisfacción, la fuerza y la salvación que todo hombre sobre la tierra necesita en su vida.

"Buscad a Jehová mientras puede ser hallado, llamadle en tanto que está cercano. [7] Deje el impío su camino, y el hombre inicuo sus pensamientos, y vuélvase a Jehová, el cual tendrá de él misericordia, y al Dios nuestro, el cual será amplio en perdonar. [8] Porque mis pensamientos no son vuestros pensamientos, ni vuestros caminos mis caminos, dijo Jehová. [9] Como son más altos los cielos que la tierra, así son mis caminos más altos que vuestros caminos, y mis pensamientos más que vuestros pensamientos". Isaías 55:6-9

Pastora
Yajaira Massi
Ministerio Restaurando La Familia

Libros publicados por el Ministerio
Restaurando la Familia

Yajaira J. Massi

Prólogo J. Antonio Massi

Un hueco en el vacío

Todos tenemos conflictos, especialmente
conflictos emocionales

Ministerio Restaurando La Familia

YAJAIRA MASSI

JUNTOS Y DE ACUERDO

Principios bíblicos para los retos matrimoniales

Ministerio Restaurando La Familia

¡LO QUE CREEMOS Y LO QUE VIVIMOS!

Prólogo por Yajaira J. Massi

CONVICCIONES
BÍBLICAS en un mundo confundido

J. Antonio Massi

J. Antonio Massi

Un verdugo llamado
TEMOR

Ministerio Restaurando la Familia

J. Antonio Massi

Vivir por Fe

Viviendo Sobre los Pronósticos de la Vida

MINISTERIO RESTAURANDO LA FAMILIA

J. Antonio Massi

PASIONES ST.

SABIDURIA AVE.

GPS

GUIA PROVERBIAL DE SABIDURIA

Instrucciones Precisas para su Destino Final

www.restaurandolafamilia.com

Ministerio Restaurando La Familia

J. Antonio Massi

Prólogo Dr. Luis Ángel Díaz-Pabón

Un *Misterio* llamado

Matrimonio

Ayuda para descubrir principios bíblicos para el éxito matrimonial

Notas

Notas

Notas

Printed in the United States
by Baker & Taylor Publisher Services